墨香财经学术文库

“十二五”辽宁省重点图书出版规划项目

国家自然科学基金面上项目（71672024）
辽宁省教育厅基金青年项目（WQ2019009） 研究成果
辽宁省社科基金青年项目（L20CSH002）

Research on the Positive Effect of Boundary Flexibility Matching on Employees' Individual Thriving

边界弹性匹配对员工个体繁荣的积极效应研究

杨 阳 ◎ 著

东北财经大学出版社
Dongbei University of Finance & Economics Press
大连

图书在版编目（CIP）数据

边界弹性匹配对员工个体繁荣的积极效应研究 / 杨阳著. —大连：东北财经大学出版社，2020.11

（墨香财经学术文库）

ISBN 978-7-5654-4044-1

Ⅰ. 边…　Ⅱ. 杨…　Ⅲ. 企业管理-人事管理-研究　Ⅳ. F272.92

中国版本图书馆CIP数据核字（2020）第239045号

东北财经大学出版社出版发行

大连市黑石礁尖山街217号　邮政编码　116025

网　　址：http：//www.dufep.cn

读者信箱：dufep @ dufe.edu.cn

大连永盛印业有限公司印刷

幅面尺寸：170mm×240mm　字数：182千字　印张：13　插页：1

2020年11月第1版　　　　2020年11月第1次印刷

责任编辑：王　莹　吴　茜　　责任校对：贺　荔

封面设计：冀贵收　　　　版式设计：钟福建

定价：52.00元

教学支持　售后服务　联系电话：（0411）84710309

如有印装质量问题，请联系营销部：（0411）84710711

序

移动互联网和大数据等新技术的普遍应用，使得企业的外部环境充满了不确定性，这在导致企业间竞争日益加剧的同时，也使得人们工作域和家庭域的边界呈现出交叉与融合等模糊化的特点。在这种新形势下，从理论与实践的结合上深入探索处于经济转型时期的边界弹性匹配对员工个体繁荣影响的作用机理，有重大的理论意义和实践意义。

很欣慰的是，杨阳在其研究领域中对员工个体行为及工作-家庭积极关系等问题进行了基础性和变量关系方面的研究。此专著能够得以正式出版，我当然十分乐意受邀为其作序。

在基础性研究方面，现有关于边界弹性、工作-家庭增益、个体繁荣中的工作繁荣以及正念的实证研究都是在西方企业背景下检验的，因此，尽管上述各个变量都存在成熟量表，但是，能否适合我国企业员工，尚需再次检验修正。鉴于此，杨阳所做的一项重要的基础性工作就是运用验证性因子分析方法对边界弹性量表中的工作弹性意愿子量表、家庭弹性意愿子量表、工作弹性能力子量表和家庭弹性能力子量表，工作-家庭增益量表中的工作对家庭增益子量表、家庭对工作增益子量表，个体繁荣量表中的工作繁荣子量表、家庭繁荣子量表以及正念量表进行中国情境下的适用性检验。

在变量关系上，杨阳以包含边界弹性意愿与边界弹性能力匹配特征的边界弹性为自变量，以包含工作繁荣与家庭繁荣的个体繁荣为结果变量，以包含工作对家庭增益与家庭对工作增益的工作-家庭增益为中介变量，以正念为调节变量，进行了三个方面的研究：一是边界弹性对个体繁荣的直接效应研究；二是工作-家庭增益在边界弹性与个体繁荣之间的中介效应研究；三是正念变量对工作-家庭增益与个体繁荣之间关系的调节效应研究。

作者在吸收已有研究成果的基础上，在诸多方面有所开拓。例如，作者从积极工作-家庭关系视角提出了边界弹性对个体繁荣的跨领域双界面交互作用模型。个体繁荣包括工作繁荣和家庭繁荣两部分，传统研究仅从工作繁荣等工作领域探讨相关问题，缺乏对家庭繁荣等家庭领域的关注。虽然个体繁荣构念日益受到工作-家庭研究领域学者的关注和重视，但鲜有研究基于工作-家庭关系视角来解释个体繁荣的发生问题，且现有研究仅从个体角度或仅从组织角度来探讨工作繁荣的前因变量问题。本著作则在已有文献的基础上，从能够体现个体特征的边界弹性意愿变量与体现组织特征的边界弹性能力变量的匹配出发，探索了边界弹性对个体繁荣的直接效应研究，以及工作-家庭增益在边界弹性与个体繁荣之间的中介效应研究。又如，本著作从积极心理学视角引入了新的构念——正念。正念这一构念，用以描述个体积极、活跃地关注周边事物及目前发展状况的意识状态。传统研究仅从正念训练等工作领域入手，但是，缺乏对正念在工作-家庭域交界面的应用探索。尽管已有学者将正念构念引入管理学及组织行为学领域，但有关正念在工作-家庭域中的相关研究尤其是实证研究仍然较为匮乏。由于正念能够通过培训习得，本书从积极心理学视角出发，以积极工作-家庭关系、工作-家庭增益为因，以个体与组织积极互动-个体繁荣为果，探索正念能够为企业管理者有关员工工作-家庭关系管理提供的具有较强操作性的对策建议，这在一定程度上弥补了现有研究的不足。再如，作者揭示了正念对工作-家庭增益与个体繁荣之间关系具有调节效应。无论是工作-

家庭增益的相关研究，抑或个体繁荣的研究成果，均缺乏对各自调节机制的研究。由于工作-家庭增益与个体繁荣之间的关系尚属于理论初建的探索阶段，因而对相关调节机制的研究更为少见。

除此之外，作者还提出了若干有针对性的改善企业管理的建议，在实践中可直接应用。

祝贺杨阳的专著出版。同时，我认为，《边界弹性匹配对员工个体繁荣的积极效应研究》这部著作值得关心企业改革的理论工作者和实践工作者一读。

东北财经大学教授、博士生导师

2020年7月于大连晨光园

前言

移动互联网等新技术的革新使得中国企业面临瞬息万变的环境条件，在此基础上，帮助员工一直处于持续学习与积极活力的状态是中国企业正确应对上述变革的重心。因而如何有效把握员工在工作与家庭域具有高效的学习状态和旺盛的活力水平，进而实现个体繁荣的作用机理，成为当代处于转型时期的中国企业亟待解决的关键问题。

在实践中，企业管理者设立了“各式各样”的边界弹性管理制度，以促进员工个体繁荣的实现。这些组织内的边界弹性管理制度分为工作弹性匹配制度和家庭弹性匹配制度两大类。但是，向为了完成工作任务愿意且能够改变家庭度假计划的员工提供物质奖励等家庭弹性匹配制度实践会因随个体特征的强弱实施效果截然不同等原因难以在组织内持续良性执行，加之员工也担心对这些家庭弹性匹配制度的利用会影响其家庭生活的发展，因此，企业管理者将关注的焦点逐渐放在更具组织特征、能够衡量员工对组织感知和认识的工作弹性匹配制度上。而工作弹性意愿与工作弹性能力的匹配有助于工作对家庭增益等积极工作-家庭关系结果的生成，进而实现家庭繁荣。然而，学者们在探讨工作弹性匹配与工作-家庭域关系时，影响变量多集中于工作对家庭增益变量，缺乏对其通过工作对家庭增益关系是否会形成积极个体家庭结果的进一步探讨，与之相关的重要积极个体家庭结果变量家庭繁荣的调节机制研究也略显匮乏。

在学术上，随着积极心理学的大势兴起，学者们对工作-家庭关系变量的关注已开始由工作-家庭冲突等消极结果转为工作-家庭增益等积极结果，而积极工作-家庭关系更多的是受到个体和环境的相互作用的影响。其中，家庭对工作增益会不自觉地受到家庭弹性匹配管理中个人偏好的影响，而家庭弹性意愿与家庭弹性能力的匹配是家庭弹性匹配制度的核心内容，这就使得家庭弹性意愿中的需求与家庭弹性能力中的供给通过有效互动达到和谐状态，从而促进家庭对工作增益的产生。一旦员工体验到工作环境的有利条件时，积极的人际关系会培育员工在支持型环境中工作的感知，他们的工作在一定程度上会茁壮成长，进而实现工作繁荣。但是，学者们在探讨家庭弹性匹配与工作-家庭域关系时，影响变量的选择多集中于家庭对工作增益变量，缺乏对其通过家庭对工作增益关系是否会形成积极个体工作结果的进一步探讨，与之相关的重要积极个体工作结果变量工作繁荣的调节机制研究也略显匮乏。

本专著基于10家企业200名员工的174份预调研有效问卷、10个省市53家企业的607份正式调研有效问卷，选定工作对家庭增益和家庭对工作增益为中介变量，选定正念为调节变量，对工作弹性意愿与工作弹性能力的匹配对员工家庭繁荣的影响关系以及家庭弹性意愿与家庭弹性能力的匹配对员工工作繁荣的影响关系进行了实证研究。

本专著得出的有益结论，一是工作弹性意愿与工作弹性能力的匹配对员工家庭繁荣中的学习和活力两个维度均具有显著的直接影响效应，同时，家庭弹性意愿与家庭弹性能力的匹配对员工工作繁荣中的学习和活力两个维度也均具有显著的直接影响效应；二是工作对家庭增益在工作弹性意愿与工作弹性能力的匹配与员工家庭繁荣两个维度（学习和活力）之间具有部分中介效应，同时，家庭对工作增益在家庭弹性意愿与家庭弹性能力的匹配与员工工作繁荣中的学习维度之间具有部分中介效应，家庭对工作增益在家庭弹性意愿与家庭弹性能力的匹配与员工工作繁荣中的活力之间具有完全中介效应；三是正念在工作对家庭增益与家庭繁荣中的调节效应研究，正念对工作增益与工作繁荣中的调节效应研究。

本书作者杨阳，系辽宁师范大学政府管理学院教师，东北财经大学博士后科研流动站博士后，生于1986年，山东省淄博人，先后获得经济学学士学位、管理学硕士学位、管理学博士学位，主要从事人力资源管理及政府经济理论与实践的教学和研究工作。

本专著的出版得到国家自然科学基金面上项目“工作-家庭增益与个体繁荣互动螺旋上升机制研究：边界弹性和正念的积极影响”（项目编号：71672024）、辽宁省教育厅基金青年项目“移动互联网时代边界弹性对工作-家庭增益和员工个体繁荣影响”（项目编号：WQ2019009）、辽宁省社科基金青年项目“消费分级视域下重大突发事件对过度消费和贫困代内传递的影响及政策治理”（项目编号：L20CSH002）的资助，在此深表谢意。

作　者

2020年7月

目录

1 绪论

1.1 研究背景与研究意义

1.1.1 研究背景

移动互联网、大数据与云计算等新技术的产生使得企业面临着瞬息万变的外部环境，在此背景下，使员工始终处于积极学习和持续活力的状态是帮助企业成功应对上述变化的关键。因而，如何使员工保持旺盛的精力和高效的工作状态，是现阶段处于经济转型时期且经历各类组织变革的每一个中国企业都亟须解决的重要问题。与此相对应的是，随着积极心理学的兴起，越来越多的学者也基于积极心理学视角，将研究焦点放在能够使个体保持学习和活力状态、降低工作倦怠水平以及提高个体身心健康水平的个体繁荣（Individual Thriving）变量上。个体繁荣即指个体兼具学习（Learning）和活力（Vitality）的心理体验，而且，已有研究表明，个体繁荣还对个体积极情感、组织公民行为、主动性行为、可持续发展以及任务绩效和工作绩效均具有积极影响（吴江秋等，2015）。那么，何种因素会诱发个体繁荣这一积极结果产生？这个过程是怎样发生的？换言之，个体繁荣的发生机制如何？对此问题，现有研究成果主要从主管支持行为、同情行为、工作资源以及工作氛围等组织方面因素进行了探索（Porath et al.，2012）。特别值得注意的是，起初学者们将个体繁荣的研究局限于工作繁荣。后来，学者们发现个体的非工作领域繁荣也至关重要，于是将个体繁荣拓展为工作繁荣（Thriving at Work）和家庭繁荣（Thriving at Home）两个部分（Carmeli & Spreitzer，2011），也正因为如此，这一构念日益受到工作-家庭交界面相关研究者的重视，而且他们一致认为，工作-家庭关系的好坏是影响个体繁荣的重要因素。例如，Russo 等（2015）、Deci 和 Ryan（2008）通过研究发现工作-家庭增益这一积极工作-家庭关系变量能够促进个体繁荣的产生。

互联网技术的迅猛发展及移动终端的大量普及，不但让人们具有“滑动手机屏幕强迫症”等新特征，也使得人们工作域与家庭域的边界呈现出模糊化、动态性等新特点，换言之，工作域与家庭域呈现出不断交叉、融合的态势。为此，能够体现上述新特性的边界理论（Boundary Theory）受到了工作-家庭领域研究者的广泛关注，并被一些学者应用在工作-家庭关系问题的研究中。在边界理论中，有一个核心构念，即边界弹性，其包括两个方面的内容：边界弹性意愿和边界弹性能力，前者指的是个人觉察到能够通过主观地缩小或扩大工作域（或者家庭域）的边界来满足家庭域（或者工作域）的需求意愿；后者指的是个人觉察到能够通过客观地缩小或扩大工作域（或者家庭域）的边界来满足家庭域（或者工作域）的需求能力（Winkel & Clayton，2010）。已有研究表明，边界弹性意愿与边界弹性能力的匹配对个体工作-家庭关系具有重要影响，能够促进工作-家庭增益等积极工作-家庭关系结果的产生（林忠 等，2015）。进一步地，由边界弹性意愿的定义可知，边界弹性意愿即可理解为个体主观上想扩大或缩小某一领域边界的一种特殊的心理需求，边界弹性能力即代表能够满足这种特殊心理需求的能力，两者的匹配即代表这种特殊的心理需求得到了满足。而根据自我决定理论（Self-determination Theory），一旦个体心理需求被满足，就能够为其带来自我发展、自我成长以及充满活力等积极结果，即能够实现前文提及的个体繁荣（Deci & Ryan, 2008）。这就意味着，边界弹性意愿与边界弹性能力的匹配能够带来个体繁荣的实现。上述这些观点正为本书从工作-家庭视角出发，以边界弹性为起点来探讨个体繁荣的前因变量及作用机制问题提供了重要思路。

那么，边界弹性意愿与边界弹性能力匹配是否会促进个体繁荣的产生？边界弹性意愿和边界弹性能力的匹配对员工个体繁荣带来影响的作用路径是怎样的？能否通过对工作-家庭增益这一中介变量的探索进而厘清这两者之间的因果关系？如何调节和控制边界弹性意愿与能力匹配对个体繁荣的影响过程，并以此通过对工作-家庭关系产生正向作用，进而对个体繁荣产生影响？在这一链条中，各变量之间相互作用的路径何在？对以上问题的探究无疑能够为企业从员工积极的工作-家庭关系视角对个体繁荣的指导提供有实际参考价值的借鉴。

1.1.2 研究意义

尽管已有很多学者对边界弹性、工作-家庭增益和个体繁荣分别进行了很多有价值的、独立的研究，但是，在理论上，目前基于工作-家庭视角对边界弹性与个体繁荣的关系研究还处于概念描述阶段，其具体的作用机理也尚未明晰，更缺乏足够的实证检验。然而，针对这类问题的讨论不仅对推进员工工作-家庭关系理论研究具有重要的理论意义，而且能够帮助企业转型升级得以顺利进行，更为员工减轻工作压力、提升工作绩效、充满积极情感提供积极的实践指导。因此，下面这些问题仍需进一步认真研讨：

第一，工作-家庭增益与个体繁荣之间的关系尚不明晰。尽管已有学者对工作-家庭增益和个体繁荣之间的关系进行了初步的理论探索，但目前尚未有研究对工作-家庭增益和个体繁荣之间的具体关系进行实证探讨。因此，工作-家庭增益到底能否促进个体繁荣的实现，个体繁荣又是否会反过来对工作-家庭增益产生正向作用，两者之间的具体作用关系到底如何，这些问题都需要进一步研究。

第二，边界弹性对个体繁荣作用机制研究匮乏。虽然个体决定理论在理论上为边界弹性意愿与边界弹性能力的匹配对个体繁荣的影响提供了解释，但现有边界弹性对个体繁荣作用机制的研究尚处于概念描述的初探阶段，内部机理尚不明晰，更缺乏实证检验。那么，边界弹性究竟是通过何种途径对个体繁荣产生影响的？其具体作用机制是怎样的？能否通过边界弹性引发工作-家庭关系发生变化进而促进个体繁荣实现这一路径的产生？这些问题都是亟待解决的关键问题。

第三，工作-家庭增益与员工个体繁荣之间的调节机制欠缺。无论是工作-家庭增益的相关研究，抑或是个体繁荣的研究成果，均缺乏对各自调节机制的研究。再加之，工作-家庭增益与个体繁荣之间的关系尚属于理论初建的探索阶段，因而，相关调节机制更为少见。但是，有关工作-家庭增益的其他研究中的调节变量为本书提供了较好的思路借鉴。例如，体现个体特征的自我效能感、工作自主性、家庭身份显著性以及正念等变量（Powell & Eddleston，2011）。然而，上述变量能否在工作-家庭增益和员工个体繁荣之间具有调节效应，有怎样的调节效应，是否还可能存在其他的调节变量，这些问题都有待于进一步的分析和探索。

综上，本书拟从工作-家庭视角，以边界弹性研究为起点，以工作-家庭增益为纽带，探讨边界弹性对个体繁荣的影响机制。由于边界弹性、工作-家庭增益以及员工个体繁荣均具有个体主观意识色彩且均属于积极心理学变量，因此，本书拟引入能够描述个体积极、活跃地关注周边事物及目前发展状况的意识状态变量——正念（Mindfulness）（Brown et al.，2007）作为调节变量来探讨其中的调节效应。值得一提的是，正念可以通过相应培训获得，而且，目前已有多种较为成熟的正念培训方法在企业中得到广泛应用，因此，对此调节机制的研究可为企业制定能够调整个体正念水平以实现个体繁荣的管理策略提供理论依据。因而，在理论上，本书兼顾了工作繁荣与家庭繁荣的作用机制，明晰了边界弹性对个体繁荣产生影响的内在机理，丰富了该作用路径的调节机制，具有一定的理论意义；在实践上，本书为保障中国企业转型升级得以顺利进行提供了有针对性的管理实践方法，具有一定的现实意义。

1.2 研究模型与研究内容

1.2.1 研究模型

根据上文，本书选定边界弹性为前因变量，员工个体繁荣为结果变量，工作-家庭增益为中介变量，正念为调节变量，进一步分析上述四个变量间的实证关系。因此，本书的概念研究模型如图 1-1 所示。

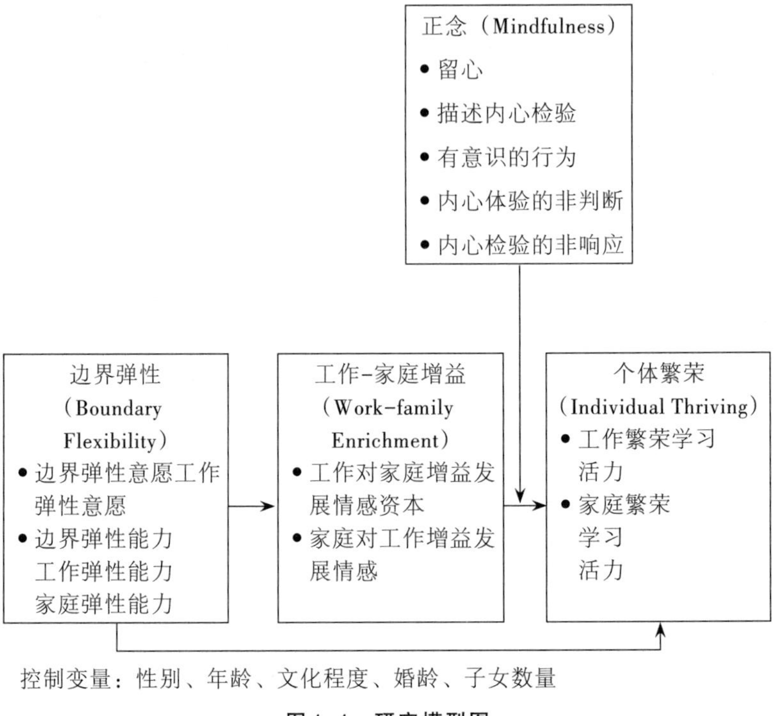

图 1-1　研究模型图

本书拟分为四个部分内容进行研究。第一部分，基础性研究。在工作繁荣内涵的基础上丰富家庭繁荣的内涵、开发相应的量表，另外，现有文献中对于边界弹性、工作-家庭增益、个体繁荣中的工作繁荣以及正念的实证研究都是在西方企业背景下进行的检验，尽管上述各个变量均有成熟量表，但是，它们能否适合我国的企业员工，还需再次检验修正。第二部分，变量关系研究。如图1-1所示，在此研究模型下，本书选定边界弹性为前因变量，个体繁荣为结果变量，工作-家庭增益为中介变量，正念为调节变量，进一步分析它们之间的关系。因此，本书要进行的三大关系研究是：

（1）边界弹性对员工个体繁荣的直接效应研究；

（2）工作-家庭增益对边界弹性和员工个体繁荣的中介效应研究；

（3）正念在工作-家庭增益与员工个体繁荣之间的调节效应研究。

1.2.2 研究内容

依据研究模型图，本书的研究内容有两方面，一是基础性研究，二是变量关系研究，具体探讨为：

（1）基础性研究

首先，在工作繁荣内涵的基础上丰富家庭繁荣的内涵、开发相应的量表。尽管学者们已开始意识到非工作领域繁荣，即家庭繁荣的重要性（Spreitzer，2013），并将个体繁荣拓展为工作繁荣和家庭繁荣两部分，但是，已有关于个体繁荣的相关研究仍然聚焦于工作繁荣，而对家庭繁荣的研究尚且停留在对其概念内涵的描述上，内部结构不明晰，且缺乏对其测量方法及相应实证研究的探索。由于家庭繁荣是由工作繁荣衍生出的构念，两者代表着个体在不同领域的繁荣状态，具有相似之处，据此，本书拟在工作繁荣内涵及测量方法的基础上确定家庭繁荣的内涵及其测量方法。具体而言，笔者拟融合和参考工作繁荣量表，在与数名企业人力资源主管及员工深度访谈基础上，确定家庭繁荣的量表。而上述做法与工作-家庭域研究者 Greenhaus 等（2012）基于工作身份显著性量表来确定家庭身份显著性量表的做法一致。

其次，现有关于边界弹性、工作-家庭增益、个体繁荣中的工作繁荣以及正念的实证研究都是在西方企业背景下检验的，因此，尽管上述各个变量都存在成熟量表，但是，能否适合我国的企业员工，尚需再次检验修正。

因此，本书要进行的基础性研究就是构建个体繁荣中的家庭繁荣量表，并运用验证性因子分析来对边界弹性量表中的工作弹性意愿子量表、家庭弹性意愿子量表、工作弹性能力子量表和家庭弹性能力子量表，工作-家庭增益量表中的工作对家庭增益子量表和家庭对工作增益子量表，个体繁荣量表中的工作繁荣子量表和家庭繁荣子量表，以及正念量表在中国情景下的适用性进行检验。

（2）变量关系研究

变量关系研究是整本书的核心内容。根据图1-1的研究模型图，前因变量为包含边界弹性意愿与边界弹性能力匹配特征的边界弹性，结果变量为包含工作繁荣与家庭繁荣的个体繁荣，中介变量为包含工作对家庭增益与家庭对工作增益的工作-家庭增益，调节变量为正念。因此，本书要进行的变量关系研究为：

一是边界弹性对个体繁荣的直接效应研究。这一直接效应研究总体即是，边界弹性意愿与边界弹性能力匹配对个体繁荣具有显著的正向交叉影响效应研究，具体包括：工作弹性意愿与工作弹性能力匹配对工作繁荣的直接影响效应研究，家庭弹性意愿与家庭弹性能力匹配对家庭繁荣的直接影响效应研究。

二是工作-家庭增益在边界弹性与个体繁荣之间的中介效应研究。对中介效应研究将把工作-家庭增益分为工作对家庭增益和家庭对工作增益两个方向进行探讨，这一中介效应研究总体即是，工作-家庭增益在边界弹性意愿与边界弹性能力的匹配与员工个体繁荣之间的中介效应，具体为：工作对家庭增益在工作弹性意愿与工作弹性能力的匹配与员工家庭繁荣之间的中介效应研究，家庭对工作增益在家庭弹性意愿与家庭弹性能力匹配与员工工作繁荣之间的中介效应研究。

三是正念变量在工作-家庭增益与个体繁荣之间关系的调节效应研究。这一直接效应研究总体即是，正念在工作-家庭增益与个体繁荣中的调节效应研究，具体包括：正念在工作对家庭增益与家庭繁荣中的调节效应研究，正念在家庭对工作增益与工作繁荣中的调节效应研究。

（3）理论模型构建

依据以上实证检验的结果，本书构建基于工作-家庭视角边界弹性如何能够对员工个体繁荣的发生产生积极影响的有效理论模型。与此同时，基于该理论模型，融合企业管理实践，为企业管理者提供相关的政策建议。据此，这一部分内容共包括两个子内容：一是，综合理论模型构建；二是，管理启示与建议提出。

本书通过建立整合模型，完整揭示基于工作-家庭视角边界弹性对个体繁荣的影响机制。基本思路即是要在上述几项研究内容相关成果的基础上，横向梳理边界弹性与个体繁荣的内在逻辑联系，寻找背后的理论依据，提炼并简化关系，发现理论本质，并最终概括出这一作用机制。更为具体的，即是要在自我决定理论、人-环境匹配理论、社会嵌入理论等理论基础上，把边界弹性对个体繁荣影响的直接效应，工作-家庭增益在边界弹性与个体繁荣之间关系的中介效应，以及正念在边界弹性引发积极工作-家庭关系进而促进个体繁荣作用机制中的调节效应结合起来，从总体上用更宽和更高的视野，厘清四个变量之间的内在逻辑关系，建立综合模型，并做出理论上的概括和更有说服力的解析。

本书基于综合理论模型，提出相应管理启示。主要包括三个方面的管理启示：一是基于边界弹性视角，提出切实可行、企业能够用得上的促进员工积极工作-家庭关系构建的管理启示；二是基于工作-家庭关系视角，具体指导、帮助几个选定的样本企业（选择3～5家）制定出实现并保持员工个体能达到繁荣状态的具体措施；三是基于正念在整个模型中的调节效应，针对不同企业，为不同员工制定不同的正念培训方案，以真正促进员工积极工作-家庭关系和个体繁荣状态的实现。

1.3 研究目标与结构安排

1.3.1 研究目标

如今，移动互联网、大数据、云计算等新技术的广泛应用，为企业经营带来了新的挑战，在这种新形势下，每一个处于转型经济时期且经历各类组织变革的中国企业都应思考如何使员工保持旺盛的精力和高效的工作状态。在学术上，用来描述个体处于此种状态的变量被称为个体繁荣（Waldman et al., 2011）。从理论上来看，究竟怎样才能促进个体繁荣水到渠成地发生？对这一难题，国内外学者们均存在许多亟待深入探索的未知。由于个体繁荣包括工作繁荣和家庭繁荣两个方面，因而，其形成机理问题应从工作-家庭域找答案。遗憾的是，在现有的工作-家庭域研究中，鲜有探讨家庭繁荣相关问题的成果。进一步地，在工作-家庭研究领域，边界理论最能体现如今移动互联网时代工作域与家庭域边界所具有的模糊性、动态性等特性，因而，已日益成为工作-家庭研究领域的主流理论（李朝霞，2012）。而且，已有研究表明，边界理论中的两个关键变量——边界弹性意愿与边界弹性能力的匹配能够对工作-家庭关系产生重要影响。那么，边界弹性能否通过影响工作-家庭关系来进一步影响到个体繁荣？本书拟对此问题进行深入探索。

因此，本书要回答的主要问题是：边界弹性是如何对个体繁荣产生影响的？这是本书最重要的目标。

为了实现这个最重要的目标，本书需要进一步解决如下问题：①边界弹性意愿与边界弹性能力匹配是否会促进个体繁荣的发生？②边界弹性意愿与边界弹性能力匹配对个体繁荣影响的作用路径是怎样的？能否通过对工作-家庭增益这一中介变量的探索进而厘清这两者之间的因果关系？③如何调节和控制边界弹性意愿与能力匹配对个体繁荣的影响过程？并通过对工作-家庭关系产生正向作用，进而对个体繁荣产生影响？在这一链条中，各变量之间的作用路径是什么？

1.3.2 结构安排

本书共分为7章，具体内容如下：

第1章，绪论。论述了研究背景与研究意义，并对本书的研究框架和内容进行了论述，并且，还描述了技术路线，指出了结构安排，阐明了研究方法和可能存在的创新点。

第2章，文献综述。分别对边界弹性、个体繁荣、工作-家庭增益和正念的概念及其前因变量与结果变量进行了研究回顾和研究述评。继而，分析了前因变量（边界弹性意愿与边界弹性能力匹配）与结果变量（个体繁荣）之间、前因变量（边界弹性意愿与边界弹性匹配）与中介变量（工作-家庭增益）之间、中介变量（工作-家庭增益）与结果变量（个体繁荣）之间、调节变量（正念）在中介变量（工作-家庭增益）与结果变量（个体繁荣）之间的四组子关系研究。

第3章，相关量表在中国情景下的检验。首先，进行家庭繁荣子量表设计与开发，由于家庭繁荣子量表在国内外均缺乏成熟量表，本书依据工作-家庭域研究者Greenhaus等（2012）基于工作身份显著性量表来确定家庭身份显著性量表的做法，在已有工作繁荣子量表的基础上进行家庭繁荣子量表的开发设计。其次，对边界弹性量表（包括边界弹性意愿子量表和边界弹性能力子量表，边界弹性意愿子量表又分为工作弹性意愿次量表和家庭弹性意愿次量表，边界弹性能力子量表又分为工作弹性能力次量表和家庭弹性能力次量表）、工作-家庭增益量表（包括工作对家庭增益子量表和家庭对工作增益子量表）、个体繁荣量表（包括工作繁荣子量表与家庭繁荣子量表）以及正念量表（包含内心体验的非响应维度、留心维度、有意识的行为维度、描述内心体验维度、内心体验的非判断维度）在中国情景下的检验。应用AMOS软件分别对Matthews等（2010）编制的边界弹性量表进行验证性因子分析。

第4章，边界弹性意愿与边界弹性能力匹配对员工个体繁荣影响的直接效应分析。本章首先建立了直接影响效应分析的概念模型，提出相关假设，其次，在正式调研获取的一手数据基础之上，分别对工作弹性意愿与工作弹性能力的匹配对员工工作繁荣的直接影响效应，家庭弹性意愿与家庭弹性能力的匹配对员工家庭繁荣的直接影响效应，以及边界弹性意愿与边界弹性能力的匹配对个体繁荣的直接效应进行结构方程分析。

第5章，工作-家庭增益对边界弹性意愿与边界弹性能力匹配与员工个体繁荣关系的中介影响效应分析。本章首先建立了中介影响效应分析的概念模型，提出相关假设，其次，在正式调研获取的一手数据基础之上，分别对工作对家庭增益在工作弹性意愿与工作弹性能力的匹配与员工家庭繁荣之间的中介影响效应，家庭对工作增益在家庭弹性意愿与家庭弹性能力的匹配与员工工作繁荣之间的中介影响效应，以及工作-家庭增益在边界弹性意愿与边界弹性能力的匹配与员工个体繁荣之间的中介效应进行结构方程分析。

第6章，正念对工作-家庭增益与员工个体繁荣之间关系的调节效应分析。本章首先建立了调节影响效应分析的概念模型，提出相关假设，其次，在正式调研获取的一手数据基础之上，分别对正念在工作对家庭增益与员工家庭繁荣之间的调节影响效应，以及正念在家庭对工作增益与员工工作繁荣之间的调节效应进行分析。

第7章，研究结论与启示。本章总结了本书的结论，阐述了研究启示、理论意义及实践意义，指明了研究局限，做出了未来展望。

根据上文分析脉络可以看出，本书的基础研究章节是第1~3章，核心研究章节是第4~6章中的边界弹性对个体繁荣直接影响效应分析、工作-家庭增益对边界弹性与个体繁荣关系的中介影响效应分析、正念对工作-家庭增益对个体繁荣影响关系的调节效应分析，总结研究章节是第7章。

1.4 研究框架与技术路线

1.4.1 研究框架

本书研究框架如图1-2所示。

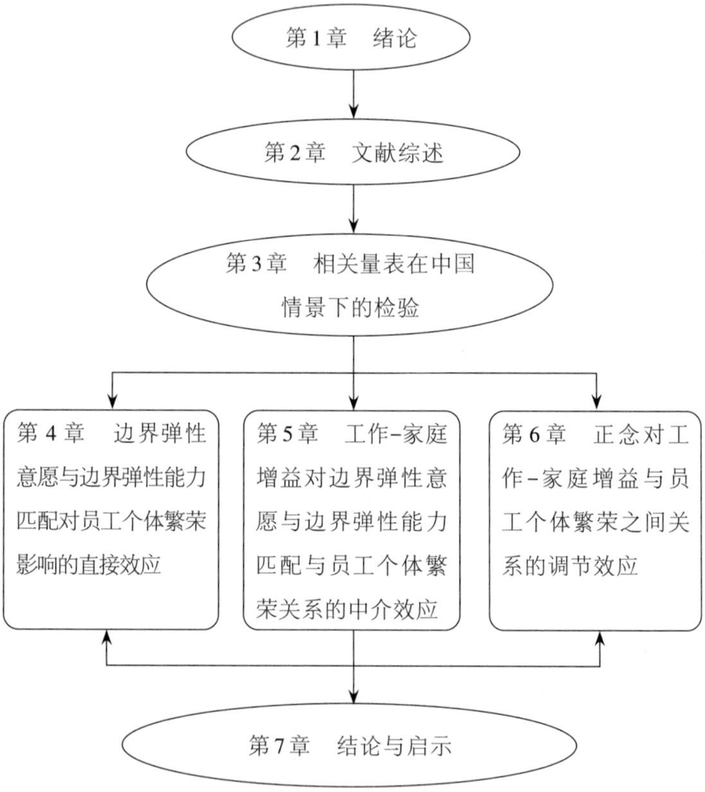

图1-2　框架图

1.4.2 技术路线

本书的技术路线图如图1-3所示。

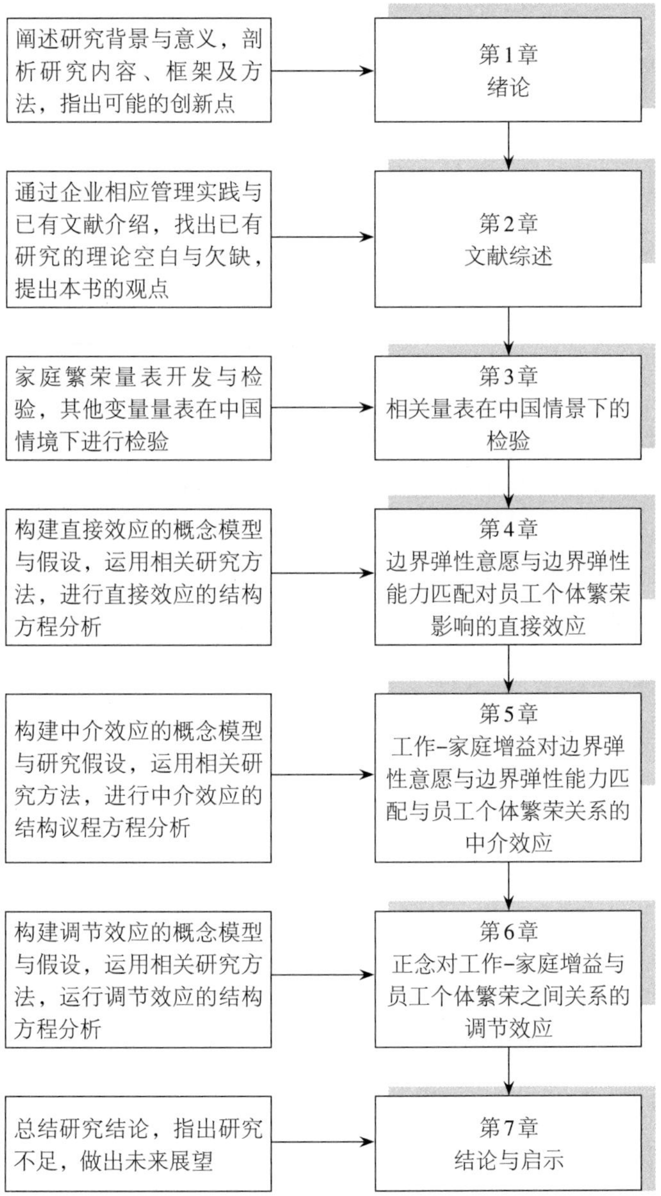
阐述研究背景与意义，剖析研究内容、框架及方法，指出可能的创新点
第1章
绪论
通过企业相应管理实践与已有文献介绍，找出已有研究的理论空白与欠缺，提出本书的观点
第2章
文献综述
家庭繁荣量表开发与检验，其他变量量表在中国情境下进行检验
第3章
相关量表在中国情景下的检验
构建直接效应的概念模型与假设，运用相关研究方法，进行直接效应的结构方程分析
第4章
边界弹性意愿与边界弹性能力匹配对员工个体繁荣影响的直接效应
构建中介效应的概念模型与研究假设，运用相关研究方法，进行中介效应的结构议程方程分析
第5章
工作-家庭增益对边界弹性意愿与边界弹性能力匹配与员工个体繁荣关系的中介效应
构建调节效应的概念模型与假设，运用相关研究方法，运行调节效应的结构方程分析
第6章
正念对工作-家庭增益与员工个体繁荣之间关系的调节效应
总结研究结论，指出研究不足，做出未来展望
第7章
结论与启示

图1-3 技术路线图

1.5 研究方法及创新点

1.5.1 研究方法

本书应用的研究方法见表1-1。

表1-1 本书研究方法表

方法名称	内涵	优点	与本书关系
理论构建	是在已有文献及理论的基础之上，建立相关理论模型与假设	可以为学术研究提供坚实的理论支持和理论基础，是学术研究中必需的一部分	本书是有关边界弹性意愿与边界弹性能力匹配的边界弹性变量、工作对家庭增益与家庭对工作增益组成的工作-家庭增益、工作繁荣与家庭繁荣组成的个体繁荣以及正念四个变量之间关系的实证研究，而理论构建是实证研究的重要前提，实证中的假设必须要有理论支撑
问卷法	又叫做问卷调查，指的是调查工作人员运用设计好的一手问卷向被试者了解相关问题解释或者征求观点的方法研究	运用在需要进行规模较大的数据分析之中，是一种科学原理探讨比较普遍应用的方法，并且可应用SPSS统计软件进行相应数据分析，两种统计软件对问卷数据的检验都具有科学性	本书的一个重要目标就在于探究积极工作-家庭关系中员工在边界弹性意愿与边界弹性能力匹配的情况下会对个体繁荣产生怎样的影响 将问卷法视为定量研究方法中的基础方法已经非常规范，尤其是最近几年，跨层次、多时点以及纵向研究相结合的综合研究探索，已经成为定量分析的主流方法。本书正是采用上述综合方法的定量研究
结构方程分析	可以分析多个前因变量、结果变量、中介变量之间复杂结构关系的一种实证研究方法	能够同时分析需要进行多次回归分析的数据运用结构方程，可以实现同时分析，不仅效率提高，而且准确性也得到提高	本书中边界弹性变量、工作-家庭增益变量、个体繁荣变量以及正念变量都是包含多个维度的变量，由它们构成的复杂结构模型恰巧适用应用结构方程分析法

1.5.2 创新点

本书的创新点体现在如下两点：

第一，从积极工作-家庭关系视角提出了边界弹性对个体繁荣的跨领域双界面交互作用模型。个体繁荣包括工作繁荣和家庭繁荣两部分，传统研究仅从工作繁荣等工作领域探讨相关问题，缺乏对家庭繁荣等家庭领域的关注。虽然个体繁荣构念日益受到工作-家庭研究领域学者的关注和重视，但鲜有研究基于工作-家庭关系视角来解释个体繁荣的发生问题，现有研究或仅从个体角度或仅从组织角度来探讨工作繁荣的前因变量问题。本书在已有文献的基础上，从能够体现个人特征的边界弹性意愿变量与体现组织特征的边界弹性能力变量的匹配出发，以积极工作-家庭关系构念-工作-家庭增益为纽带，兼顾工作繁荣与个体繁荣，提出了边界弹性对个体繁荣的跨领域双界面交互作用模型，并用该模型解释了边界弹性对个体繁荣的影响机制，这在很大程度上弥补了现有研究的不足。

第二，从积极心理学视角引入了正念的构念，并且揭示了正念对工作-家庭增益与个体繁荣关系的调节效应。无论是工作-家庭增益，抑或是个体繁荣的研究成果，均缺乏对各自调节机制的研究。再加之，工作-家庭增益与个体繁荣之间的关系尚属于理论初建的探索阶段，相关调节机制更为少见。并且，传统研究仅从正念训练等工作领域入手，但是，缺乏对正念在工作-家庭域交界面的应用探索。尽管已有学者将正念构念引入到管理学及组织行为学领域中，然而，有关正念在工作-家庭域中的相关研究，尤其是实证研究仍然较为匮乏。因而，本书引入了正念。由于正念能够通过培训习得，本书从积极心理学视角出发，以积极工作-家庭关系，工作-家庭增益为因，以个体与组织积极互动——个体繁荣为果，深入探讨正念在两者关系中的调节效应，并探索正念能够为企业管理者有关员工工作-家庭关系管理提供的具有较强可操作性的对策建议。

2 文献综述

2.1 边界弹性相关研究回顾

2.1.1 边界理论的发展

边界（Boundary）是指构成某一特定角色的任何界限，一个人边界结果的创建会导致一个领域，比如家庭域或工作域的形成（鲍昭，罗萍，2015）。然而，这也可能会导致一些人很难从一个领域转换到下一个领域。一些人可能倾向于扩大领域之间的差异，因而会产生两个领域转换过程中的困难。从一个域到另一个域转换的能力在需要的时候被提出，是一种减轻角色之间冲突的办法。然而，相关的实证研究表明，增加角色之间的转换会导致这些角色之间的冲突加剧（Bulger et al., 2007）。

边界理论为研究工作中的成年人如何管理工作-家庭界面的边界提供了一个理论框架，这种理论认为，工作和家庭的边界管理必须理解掌握工作-家庭界面的复杂性（Kreiner et al.，2009）。林彦梅，刘洪和王三银（2015）指出，这些理论主要强调概念性理论发展。一些显著的特例包括研究工作-家庭这个分割-整合的连续体的检验方面（Chen et al.，2009）。然而，实证检验假设源于这些理论，非常重要的是仔细去发展关键边界特征的操作化测量。我们的目标是通过检验一系列边界弹性[①]的测量和工作域与家庭域的域间转换测量，促使我们有能力来衡量相关边界特征的边界弹性措施和域间转换的措施。

有关边界理论的特征研究中，Kuhn（1974）描述了以要素模式存在的系统，它与用常规的方法证明注意力的合理性具有高度相关性。反之，Rapoport（1976）将一个系统定义为一个整体，他指出，在变化的环境中，要保持组织的某种形式。支持系统层面思考的前提是提出了通用系统理论，即不恰当的检查系统的各个孤立的组件会造成忽视在一个更大的交互领域间的组件的功能（应婷，2015）。在系统理论中，边界用于定义系统的成员资格。因而，边界代表的是不同的系统与两个系统间出现不同程度的流动两者之间的连接点。在两种边界理论的研究背景下，边界特征通常是具有弹性及渗透性。边界弹性和边界渗透性被认为是边界的“力量”，具有允许或者限制域间流动的能力。因此，边界理论的结构如图2-1所示。

2.1.2 边界弹性的内涵

边界弹性（Boundary Flexibility）则是指个体为了满足另一领域的需求，从意识上或行为上从某一领域跨向另一领域的程度。从某种意义上说，边界弹性是一个人可以“画”出一个域来满足对立域的需求的程度（无论是行为还是认知）。边界弹性的一个操作化过程是指一个人相信他/她有能力改变域的活动在何时何地发生的程度，这样他就能满足另一个领域的需求（Bulger et al.，2007）。为了进行更为深入和具体的研究，Matthews等（2010）等学者认为应对边界弹性的概念进行进一步拓展，并将其具体化为两个构成要素：一是边界弹性意愿（Boundary

① 本著作研究中涉及的有关“边界”的内容，包括边界理论、边界弹性、边界弹性意愿和边界弹性能力，均属于工作-家庭域边界范畴，下同，特此说明。

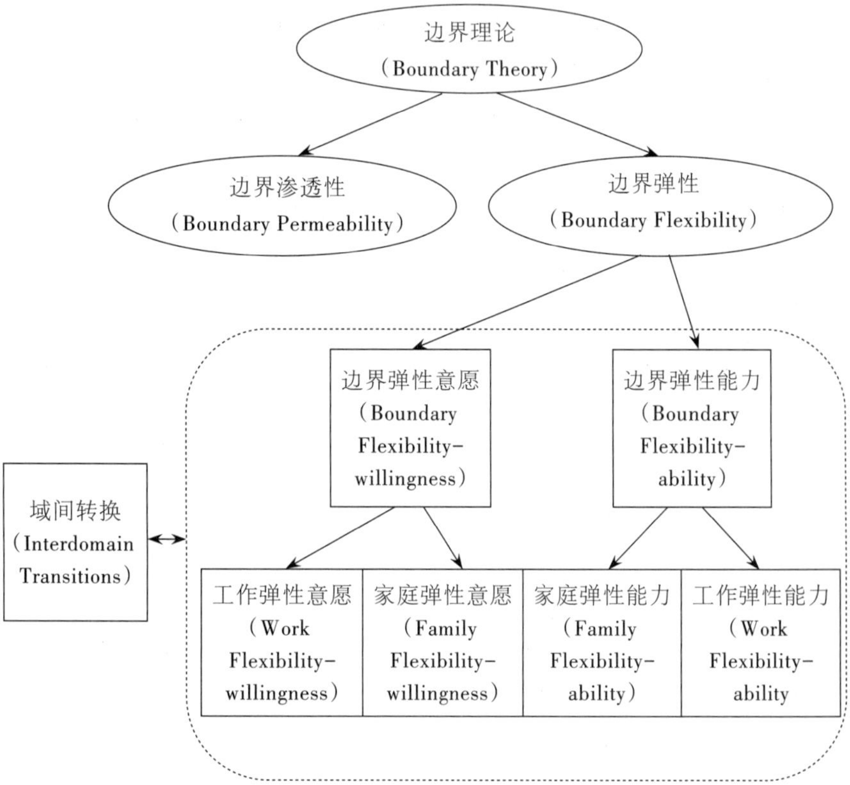

资料来源：本文整理。

图2-1　边界结构图

Flexibility-willingness)，主要由员工本人决定，是个体特征的体现。二是边界弹性能力（Boundary Flexibility-ability），主要由组织决定，是组织特征的体现。更为具体地，边界弹性意愿包括两部分——工作弹性意愿与家庭弹性意愿，其中，工作弹性意愿指的是个人觉察到能够通过主观地缩小或扩大工作域的边界来满足家庭域的需求意愿，家庭弹性意愿指的是个人觉察到能够通过主观地缩小或扩大家庭域的边界来满足工作域的需求意愿；而边界弹性能力包括两部分——工作弹性能力与家庭弹性能力，其中，工作弹性能力指的是个人觉察到能够通过客观地缩小或扩大工作域的边界来满足家庭域的需求能力，家庭弹性能力指的是个人觉察到能够通过客观地缩小或扩大家庭域的边界来满足工作域的需求能力。

（1）边界弹性意愿的内涵

边界弹性意愿反映的是个体的态度和动机。根据Matthews和Barnes-Farrell的表述，边界弹性意愿可以解释为“个人从一个领域向另一个领域转换的愿意程度”，该概念随后由Kreiner（2006）进行了发展，提出弹性意愿具体指的是个体对他们的工作域与家庭域进行综合或分割的不同偏好。一个人越有能力和意愿去收缩他的域边界，这些域边界将会变得更加模糊，进而会促进工作域与家庭域之间认知和行为上的转换。并且，这个观点不仅有理论文献支持，还有实证文献论证（Bulger & Matthews，2007）。

有关弹性意愿定义的理解，Nippert-Eng（1996）抽象引入意愿的概念，这表明尽管认为可能存在结构性限制（导致低弹性能力），个人仍然可以利用可能的途径去判断，在可能的情况下（我们称之为弹性意愿）去整合或分割他们期望的领域。同样，Kreiner等（2009）发现，个体对工作和家庭的整合具有不同的偏好。因此，它并不一定意味着一个人仅仅认为是可能的，而愿意去改变领域。相反，一个人可能认为要限制转移领域的能力，但是如果需求被提高，他或她可能证明他们具有很高的意愿去这样做。

（2）边界弹性能力的内涵

Matthews和Barnes-Farrell将边界弹性能力定义为“一个人能够从一个域转换到另一个域的程度”。弹性能力表示个体对影响他们自己离开一个领域进入到另一个领域能力的情景特征域的认知评估，他们认为影响他们转入另一个域的能力（Kossek & Lautsch，2008）。因此，弹性能力概念化的个人感知是他们能够在域间移动的程度。

有关弹性能力定义的理解，与其说弹性能力是对个人能力的评估，倒不如解释为随着领域的时间与位置变化，超出个体直接控制范围的相关个人能力程度评估。当能够改变域相关活动的时间和地点发生的能力被认为是由第三方控制或强烈受外部因素的影响（Kossek et al.，2006），弹性能力将是一项被许可的移动程度的个人评估。因此，在两个域间对能力的感知将会受到组织政策和规范的影响，它们约束（或促进）员工为了解决家庭和个人责任和信念，而收缩工作域活动的能力，如果经理愿意支持域间移动。然而，弹性能力的概念化意味着分割与整合域的倾向与个人偏好和动机关系不大。我们相信对弹性概念化的理解，人们可以促进两种想法的合并，一种是人们认为能力能够改变领域活动的时间与地点，另一种是他们愿意做出这样的改变。

有关弹性能力作用的理解，边界弹性通过增加个人脱离一个领域的机会增进域间整合。当弹性能力很高，个人认为很少有外部因素（如照顾孩子的责任）阻止他们离开某个领域，或者有某些因素促进他们有能力离开一个领域（如支持型主管）。喜欢整合工作域和家庭域的员工，会不易感知到弹性能力可能导致工作与家庭交界面的管理困难，因为它会干扰两个域之间的流动。另外，当个体边界域的弹性能力很高时，就会存在一个更大的机会促使个人离开一个域以满足另一个领域的需求，当个体边界域的弹性能力很低时，他们不太可能出现从该域向另一个域的转换。这个能够收缩一个域边界的能力受到某些因素的影响，比如某些公司政策，禁止员工离开工作环境进行个人或者家庭活动，就是为了对工作域和家庭域进行有效区分（Chen et al., 2009）。

（3）边界弹性意愿与边界弹性能力的域间转换——边界弹性匹配的理论基础

虽然边界弹性会影响到域间转换，但边界弹性因素（包括边界弹性意愿与边界弹性能力）也可能存在一个交互影响（Matthews et al., 2010）。一个人愿意收缩边界并不意味着他有能力这样做；另外，也会出现一个人有能力收缩边界，但是他不愿意这么做，或者他可能会愿意，但没有能力收缩边界的情况。如上所述，外部因素可能会妨碍一个人收缩边界的能力。例如，员工可能有一个时间的边界，如要求员工必须从早上8：00到下午5：00待在办公室，这就降低了员工改变工作域边界的能力，即使他们可能愿意收缩边界（马丽，2015）。当个体没有能力从一个领域转换的时候，就可能会需要更大的努力促使行为或心理从一个不管弹性意愿水平的领域脱离，转换到另一个领域。这并不是说个人是完全受他整合和分割领域能力的约束。相反，本书认为，收缩边界的能力是一种机制——无论员工是否愿意收缩边界，都能影响他们有能力达到域间转换。这就为边界弹性意愿与边界弹性能力之间架起了连接桥梁，边界弹性匹配的理论支撑由此产生。

2.1.3 边界弹性相关变量的研究

由上述关于边界弹性意愿和边界弹性能力的内涵可知，前者主要由员工本人决定，是个体特征的体现。后者主要由组织决定，是组织特征的体现。前者是后者概念化的思想状态，后者是前者具体化的行为表现。因而，现有关于边界弹性在工作-家庭界面的研究结论在很大程度上也可理解为是关于个体思想状态与行为表现分别在工作域、家庭域，或者在工作域、家庭域之间进行转换的研究结论。现有关于边界弹性的研究可大致分为三类：第一类是有关边界弹性意愿影响的研究，对这些结果变量的选择主要是以个体特征的形式集中在工作-家庭交界面结果变量上；第二类是有关边界弹性能力的影响研究，这些结果变量主要是集中在以组织特征形式分布在工作-家庭交界面结果变量上；第三类是有关边界弹性意愿与边界弹性能力共同影响的研究，对这些结果变量的选择主要是以个体特征与组织特征相结合的形式集中在工作-家庭交界面结果变量上。

（1）关于具有个体特征形式的边界弹性意愿在工作-家庭界面的关系探讨

对于边界弹性意愿的研究，李朝霞（2012）通过实证得出，边界弹性的意愿与边界弹性的能力之间的匹配几乎对工作-家庭平衡没有影响，并且边界弹性对工作-家庭平衡带来的影响要大于边界弹性意愿对工作-家庭平衡带来的影响。具体地，家庭边界弹性大于工作边界弹性，工作边界的弹性与家庭边界的弹性不对称。此外，工作边界弹性要小于工作边界弹性意愿，表明个人希望他的工作边界有更大的灵活性，但实际情况不是这样；家庭边界的弹性大于家庭边界的弹性意愿，表明个人不愿意家庭边界有太多的弹性，但是家庭边界的弹性实际上却非常大。此外，工作边界弹性会减少工作对家庭冲突与家庭对工作冲突，会改善工作对家庭促进与家庭对工作促进，但工作边界弹性意愿工作-家庭平衡中的上述四个自变量是不重要的，表明个人的主观意识几乎影响不到工作与家庭之间的关系。与此相对，家庭边界的弹性意愿明显会减少家庭对工作冲突，会改善家庭对工作促进，但是，对工作对家庭方向却没有明显影响。

为了进一步对边界弹性意愿进行剖析，本书适度地分析边界弹性的前因变量，来加强对它的理解。有关边界弹性和分割价值与分割偏好的研究中，Edwards和Rothbard（1999）提出，分割物品是允许个体保持一定程度分割的客观资源，分割价值是一个人能够接受的分割物品的程度。从概念上讲，分割物品与弹性能力非常相似，尽管我们认为弹性能力与个体在两个域间移动的机会与约束的感知更加直接相关，而并不是在特定的客观资源可用的情况下。分割价值，就像分割偏好（kreiner et al.，2009），有关弹性意愿的概念，分割价值代表可接受的（首选的）分割水平，这种分割水平能够影响，但不包含边界弹性的动机因素。正如激励的期望理论的效价因素一样，有助于个人发挥努力的意愿，我们将分割价值与分割偏好作为弹性意愿的前因变量，以便于从事边界收缩的意愿，而不是与弹性意愿互换。进一步分析，弹性意愿作为个体差异变量的动机导向，会导致域分割-整合的实际水平。例如，组织可能有正式或非正式的工作-家庭政策，如远程办公供员工使用，这应该有助于高工作弹性能力的发展（Kossek et al.，2006）。然而，对于具有低工作弹性意愿的员工，这些远程办公的机会可能不会被充分利用。

为了更好地理解边界弹性意愿，本书适度地分析边界弹性的调节变量，来加强对它的理解。Matthews等（2010）通过实证论证了弹性意愿与性别的关系，他们认为，相较男性，女性具有更低的家庭弹性意愿；相较男性，女性具有更高的工作弹性意愿。

综上，有关具有个体特征形式的边界弹性意愿的研究情况见表2-1。

表2-1 **边界弹性意愿的相关关系一览表**

结果变量名称	与边界弹性意愿的关系	代表性研究成果
工作→家庭冲突	（工作弹性意愿）不相关	李朝霞（2012）
家庭→工作冲突	（工作弹性意愿）不相关	
工作→家庭促进	（工作弹性意愿）不相关	
家庭→工作促进	（工作弹性意愿）不相关	
家庭→工作冲突	（家庭弹性意愿）负相关	
家庭→工作促进	（家庭弹性意愿）正相关	
工作→家庭冲突	（家庭弹性意愿）不相关	
工作→家庭促进	（家庭弹性意愿）不相关	
前因变量名称	与边界弹性意愿的关系	代表性研究成果
分割价值与分割偏好	（边界弹性意愿）正相关	Edwards & Rothbard（1999）；Kreiner（2006）
家庭中心性	（家庭弹性意愿）负相关	Matthews & Bames-Farrell（2010）
家庭中心性	（工作弹性意愿）正相关	
工作中心性	（工作弹性意愿）负相关	
工作中心性	（家庭弹性意愿）正相关	
调节变量名称	与边界弹性意愿的关系	代表性研究成果
男性	家庭弹性意愿更高	Matthews & Bames-Farrell（2010）
女性	家庭弹性意愿更低	

（2）关于具有组织特征形式的边界弹性能力在工作-家庭交界面的关系研究

对于工作边界弹性能力与家庭边界弹性能力的研究，Matthews等（2010）证明，依据边界理论的观点，工作域和家庭域都拥有独立边界，个人对工作域边界和家庭域边界的特征都有不同的看法，因此他们判断边界弹性分为工作和家庭方向，进而推导出边界弹性能力包含工作弹性能力与家庭弹性能力。其中，工作弹性能力是指当家庭角色需要时，个人终止工作角色以迎合家庭角色的程度评估。家庭弹性能力是指在需要工作角色时，评估个人需要终止正在进行的家庭角色以迎合工作角色需要的程度。因而，边界弹性能力通过增加个人脱离一个域以迎合另一域的需要的机会来促进不同域中的边界管理。关于边界弹性的实证研究有几个结论。首先，当个体感知到某个领域的边界弹性能力高时，它表示个体感知到更少的其他因素以防止其离开原有领域，或者被感知为有更多的因素促使个体离开原有领域（例如允许员工远程工作、家庭支持、领导支持等）（Matthews & Bames-Farrell，2010）。第二，对于倾向于整合工作和家庭的员工，低弹性能力可能导致管理他们的工作-家庭接口的困难，这是由于低弹性能力阻碍了员工在工作域与家庭域之间的来回运动。弹性能力在很大程度上受个人的工作环境和家庭环境的影响，并且在一定程度上，它本身就可以被认为是一个重要环境指标（Kossek et al.，2006）。

为了更好地理解边界弹性能力，本书适度地分析边界弹性的前因变量，来加强对它的理解。已有文献表明，工作需求显著负向影响工作弹性能力，家庭需求显著负向影响家庭弹性能力，但是，同事支持与主管支持显著正向影响工作弹性能力，家庭成员支持显著正向影响家庭弹性能力。另外，他们提出，孩子的数量与家庭弹性能力负相关；工作时间与工作弹性能力负相关。

为了更好地理解边界弹性能力，本书适度地分析边界弹性的调节变量，来加强对它的理解。在性别与边界弹性的关系研究上，他们认为，相较男性，女性具有更少的家庭弹性能力。

综上，有关具有组织特征形式的边界弹性能力的研究情况如表2-2所示。

（3）关于具有个体特征与组织特征的边界弹性意愿和边界弹性能力在员工工作-家庭交界面的关系研究

有关边界弹性的内涵在工作-家庭界面的研究发展，最早可以追溯至Hall和Richter（1988）在其文章中援引边界理论分析员工的工作和家庭关系，并在边界概念基础上得出了探究工作域和家庭域是深入挖掘员工工作域和家庭域相互关系的最好办法的结论。随后，Clark（2000）

表2-2　　边界弹性能力的相关关系一览表

结果变量名称	与边界弹性能力的关系	代表性研究成果
领导支持	（工作、家庭弹性能力）正相关	Matthews & Bames-Farrell（2010）；Kossek et al.（2006）
家人支持	（工作、家庭弹性能力）正相关	
工作-家庭冲突	（工作、家庭边界弹性能力）负相关	Matthews & Bames-Farrell（2010）
工作-家庭政策	（工作弹性能力）正相关	Matthews & Bames-Farrell（2010）；Kossek et al.（2006）
工作-家庭界面整合	（边界弹性能力）正相关	Kossek et al.（2006）
家庭支持型组织认知	（工作弹性能力）正相关	Allen（2001）
工作-家庭冲突	（家庭弹性能力）负相关	Hobfoll & Shirom（2000）；Matthews & Bames-Farrell（2010）
工作-家庭冲突	（工作弹性能力）负相关	
工作日结压力	（工作弹性能力）负相关	
工作日结压力	（家庭弹性能力）负相关	
前因变量名称	与边界弹性意愿的关系	代表性研究成果
工作需求	（工作弹性能力）负相关	Kossek et al.（2006）
家庭需求	（家庭弹性能力）负相关	
主管支持、同事支持	（工作弹性能力）正相关	
家人支持	（家庭弹性能力）正相关	
孩子数量	（家庭弹性能力）负相关	
工作时间	（工作弹性能力）负相关	
调节变量名称	与边界弹性能力的关系	代表性研究成果
女性	家庭弹性能力更低	Matthews & Bames-Farrell（2010）

在他们的基础上丰富了边界弹性的定义，认为它是个人为迎合其他领域需求能够在时间或空间上扩大或减少某一领域的边界的程度，也就是边界能够依据要求的差别自如地进行伸缩。另外，有学者进一步提出，工

作-家庭边界的一个重要特征就是边界弹性，就是指个人在一定程度上从知觉或行动上能够脱离正在进行的角色去迎合另一个角色需要（Bulger et al., 2007）。另外，研究人员在Clark建立的边界弹性概念的基础上，又指出早期有关边界弹性的概念都忽视了个人的动机和偏好，应基于弹性能力和弹性意愿这两个组成部分来界定边界弹性，其中，弹性能力指的是扩大边界或减小领域界限的个人能力，弹性意愿指的是扩大或减小领域界限的个人愿望（Matthews et al., 2010）。

相较工作-家庭冲突，边界弹性的可靠性测量更加倾向于工作-家庭增益。有关边界弹性的测量，Matthews等（2010）为了控制响应集和误差在题项中列入了消极的措辞题项（马红宇 等，2014）。然而，他们指出，消极的措辞题项产生大多数模型不匹配的状况。先前的研究已经表明，消极的措辞题项会导致测量效度降低（Winkel & Clayton, 2010）。此外，即便只有很小比例的受访者（只有10%）是粗心的，消极的措辞题项也可能会导致单独的因子结构（Chen et al., 2009）。我们建议修正边界弹性的测量，这项改革最初由Matthews和Barnes-Farrell提出，并运用单向情感题项（即所有题项都是用积极的措辞），这将导致边界弹性在工作-家庭关系中的运用更加可信。

有关边界弹性通过域间转换影响工作-家庭界面的研究中，第一步，如上所述，边界渗透性构念存在定义和概念上的问题。第二步，按照从一个域到另一个域的物理和认知转换数量定义了域间转换。第三步，边界弹性应该促进域之间的流动（即域间转换）。第四步，利用资源保护理论，因此，尽管已经证明弹性能力与工作-家庭冲突存在负相关关系（Matthews et al., 2010），但同时指出促进工作-家庭冲突出现的弹性影响机制是经由域间转换发生的。我们进一步假设域间转换在边界弹性与工作-家庭冲突中起到中介作用。因而，本书认为，有关边界弹性通过域间转换影响工作-家庭界面的后半段发生机制中，工作对家庭的域间转换与工作的冲突呈正相关性；家庭对工作的域间转换工作与家庭的冲突呈正相关性。

综上，有关具有个体与组织特征形式的边界弹性意愿与边界弹性能力匹配的研究情况如表2-3所示。

表2-3　边界弹性意愿与边界弹性能力匹配的结果关系一览表

结果变量名称	与边界弹性的关系	代表性研究成果
正式或非正式的组织工作-家庭政策	（高弹性意愿与高弹性能力）正相关	Kossek et al.（2006）
工作角色与家庭角色的转换	（边界弹性与身份显著性的联合效应）正相关	Winkel & Clayton（2010）
工作-家庭冲突	（边界弹性与身份显著性的联合效应）正相关	Winkel & Clayton（2010）
工作-家庭增益（相较工作-家庭冲突）	（边界弹性）对其的测量更可靠	Nunnally（1967）；Schriesheim & Hill（1981）；Schmitt & Stults（1985）；Matthews & Bames-Farrell（2010）
工作（家庭）感知域模糊	（弹性意愿与弹性能力匹配）正相关	Matthews & Barnes-Farrell（2010）
工作-家庭增益的螺旋上升	（弹性意愿与弹性能力匹配）正相关	Matthews & Barnes-Farrell（2010）
工作对家庭的转换频率	（高工作弹性意愿与高工作弹性能力）正相关	Greenhaus（1988）；Ashforth et al.（2000）；Ashforth et al.（2000）；Hall &Richter（1988）；Matthews & Barnes-Farrell（2010）；Ajzen（1991）
家庭对工作的转换频率	（高家庭弹性意愿与高家庭弹性能力）正相关	Greenhaus（1988）；Ashforth et al.（2000）；Ashforth et al.（2000）；Hall &Richter（1988）；Matthews & Barnes-Farrell（2010）；Ajzen（1991）
工作冲突	（工作对家庭的域间转换）正相关	Greenhaus & Beutell（1985）；Frone（2003）；Hobfoll（1989）；Matthews & Barnes-Farrell（2010）
家庭冲突	（家庭对工作的域间转换）正相关	Greenhaus & Beutell（1985）；Frone（2003）；Hobfoll（1989）；Matthews & Barnes-Farrell（2010）
工作-家庭促进	（边界维护者与边界跨越者的交流）正相关	Clark（2000）

续表

结果变量名称	与边界弹性的关系	代表性研究成果
工作-家庭分离	（低边界弹性）正相关	Nippert-Eng（1996）
工作-家庭融合	（高边界弹性）正相关	
工作对家庭冲突	（工作弹性意愿与工作弹性能力的匹配）负相关	马红宇 等（2014）
工作对家庭增益	（工作弹性意愿与工作弹性能力匹配）不相关	
家庭对工作冲突	（家庭弹性意愿与家庭弹性能力匹配）负相关	
家庭对工作增益	（家庭弹性意愿与家庭弹性能力匹配）负相关	

2.1.4 边界相关研究述评

综上，边界弹性能够带来工作-家庭增益这一积极结果的结论得到了研究者们的普遍认可。依据上文，相关研究大致分为三类：一是关于具有个体特征形式的边界弹性意愿在工作-家庭交界面的关系研究；二是关于具有组织特征形式的边界弹性能力在工作-家庭交界面的关系研究；三是关于具有个体与组织特征形式的边界弹性意愿与边界弹性能力在工作-家庭交界面的关系研究。工作-家庭关系的主要影响因素是个人-环境的交互效应通过研究个人怎样划定这条转换工作-家庭角色的界线，从而达到工作-家庭平衡。因而，边界理论提供了一个更详细的视角来解释工作-家庭接口的某些现象，还考虑到了个人和环境因素，为本书提供了一个工作-家庭平衡的机制。

工作-家庭边界理论在工作-家庭研究领域中尚属于较新的理论，

其研究现状如图2-2所示。在工作-家庭边界理论中，边界弹性意愿与边界弹性能力是边界理论中最为重要的两个构念，现有研究表明，两者均对个体的工作-家庭域具有重要影响。特别地，根据人与环境匹配等理论，边界弹性意愿与边界弹性能力能否匹配对个体工作-家庭域同样具有重要影响。学者们已意识到这一点，并尝试对此进行研究和探讨，但已有研究主要集中在其对工作-家庭关系的两个结果变量的探讨上，尚缺乏对工作-家庭域其他结果的影响研究，而这也正是本书的研究定位。

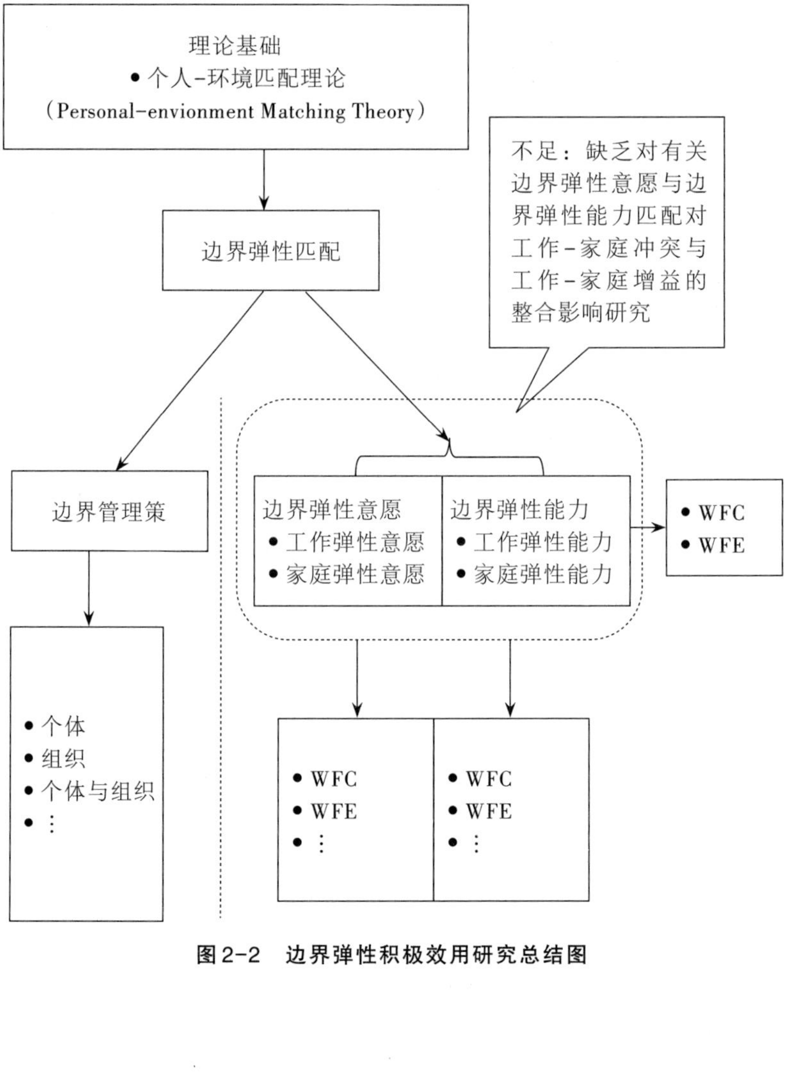

图2-2　边界弹性积极效用研究总结图

2.2 工作-家庭增益相关研究回顾

2.2.1 工作-家庭增益的内涵

工作-家庭增益（Work-family Enrichment，WFE）的由来，一是源自Carlson等（2009）进行的有关生活领域四种类别分类：利益开发，或技能、知识、价值观，或角度的获得；情感收益，或情绪、态度、信念的改变，或情绪的另一个方面；资本收益，或经济资产、社会地位，或健康的获得；提高效率或基于多个角色责任的聚焦。当一个领域的优势能够被转移或促进另一个领域运行时，增益就会产生。功能是指在工作领域必不可少的基本过程的改进性发展，如解决问题或人际沟通。二是源自工作与家庭关系研究的一种局限性，即大多数研究都集中在角色间的消极影响上（即角色间冲突）。这与Spreitzer（2013）等学者提出的额外关注积极的互动相悖。一些研究人员将关注点集中在积极效应上，经常描述“积极溢出”或“工作-家庭丰富”的想法（Tang，Siu，Cheung，2013），继而也讨论这些构念之间的差别。当前研究一般使用工作-家庭增益（Work Family Facilitation，WFF），指的是个人凭借从一个角色（比如工作）中获得的经验、技能、机会，使得其在另一个角色（例如家庭）中的参与变得更加容易的程度（例如有偿工作）（Akram et al.，2014）。事实上，回顾最近的文献表明，工作和家庭的经历可以丰富个人的生活（ALLEN et al.，2013）。换句话说，个人通过同时参与他们的工作和家庭角色，可能会派生出社会心理收益和提高生活质量。这个新构造有关的积极方面工作-家庭交换被称为工作-家庭增益（Ten Brummelhuis & Bakker，2013）。

工作-家庭增益由Greenhaus和Powell于2006年提出，指的是融入某个生活角色能提升另一个生活角色质量的程度。其包括工作对家庭增益和家庭对工作增益两个方向内容，前者指的是融入工作角色能提升家庭角色质量的程度，后者指的是融入家庭角色能提升工作角色质量的程度。Voydanoff（2004）试图通过工作-家庭增益来促成工作-家庭平衡。工作-家庭增益的观点认为，工作域和家庭域的概念可以相互支持和相互发展，导致积极的结果或后果，尤其是当一个领域提供社会支持等资源和技能，就可以用来满足另一个领域的需求。工作-家庭增益的两个方向内容都强调工作经验、专业与机会对增强家庭生活的作用。Wayne等（2007）将工作对家庭的增益/家庭对工作的增益定义为个人参与一个域的生活（工作/家庭）的程度，它们具有一定收益（例如自我发展、情感、公平、效率），有助于增强其他领域（家庭/工作）的运行。

根据定义，工作-家庭增益包含三个重要组件：参与、收益、功能发展。参与指的是个体自己投资相关领域活动的程度，它是一个非常重要的组件，因为个人行为是增益的基础。通过个人积极参与生活领域，他们将获得能够帮助其他领域运行的特权、好处或优势。许多研究者（Bakker，Demeroutie，Dollard，2008）指出了来自工作和家庭的各种各样的好处，并能够传递给员工个人或他的家庭。

而后，Carlson，Grzywacz和Zivnuska（2009）对此构念进行了进一步的细化，将工作对家庭增益分为工作对家庭发展、工作对家庭情感和工作对家庭资本三个维度，将家庭对工作增益分为家庭对工作发展、家庭对工作情感和家庭对工作效率三个维度。

2.2.2 工作-家庭增益的前因后果

（1）关于工作-家庭增益的前因变量

①工作资源（Job Resources）。数量有限的已有文献实证检验了工作-家庭增益的前因变量。结论证明，工作-家庭增益的前因变量与工作-家庭冲突的前因变量不同（Brough & Kalliath，2009）。Wayne，Musisca和Fleeson（2004）对它的前因变量进行了总结，认为从一个角色中获得的可用资源可以提高另一个角色的有效运行。因此，工作资源，而不是工作要求，可能是工作-家庭增益的主要前因变量。这种对“资源”的利用与李原（2013）的观点具有关联性，他认为资源是“被个人所珍惜的对象、个人特征、条件或能量，或者是充当为了实现这些对象、个人特征、条件或能量的一种手段”。Wayne，

Musisca和Fleeson（2004）应用工作-家庭增益，强调资源贡献于：新技能和新观点（发展性收益），积极情绪（情感性收益），经济、社会或健康资产（资本利得），和更高的效率（效率收益）。虽然各种资源都可能是可用的，但是有两个资源是一定要考虑到的——正式的培训和有效的领导。

②个人特征（Personal Character）。基于工作-家庭增益两个方向内容的考虑，两个方向的概念界定均是源自生态理论，也就是无论是工作对家庭增益还是家庭对工作增益都受到个人特征以及与个人工作相匹配的环境和资源的影响，所以，“家庭友好型”政策用来支持组织资源，如时间、弹性和职场的认知需求。组织和主管的支持可能会为工作与家庭之间的溢出效应增加可用资源的数量。工作对家庭的增益/家庭对工作的增益的基础理论之一是资源保护理论。根据李原（2013）的观点，资源被定义为具有环境属性，可以包括个人特征、对象、条件、能源资源。个人特征是一个人自信和乐观的特征或技能；对象是基于对汽车、房子、衣服、食物或其他物质的所有权来获得一定的物质或地位；能源资源是为了获得其他资源（比如工作或家庭时间与进步的机会），而需要具备的资源，如时间、金钱和知识；条件是寻求工作或者资历所需要的资源（Wayne，Musisca，Fleeson，2004）。

③社会支持（Social Support）。社会支持在与压力和工作-家庭关系的相关文献中是一个重要的组件，其目的是减轻压力（Thomas & Hall，2008）。社会支持可能来自工作和家庭，指的是工具性帮助、情感的关注和在工作（家庭）中的其他增值功能，旨在提高支持接受者的福利（李永鑫，赵娜，2009）。来自工作和家庭环境的支持，有助于抑制压力源的影响和保护个人远离严重疾病（包括心理方面的疾病）、压力的负面影响（Ammons，2005）。社会支持能够来源于工作和同事，例如，来自一个工作组的亲密朋友。Homans的群组形成理论声称具有三种群组形式，即与另一个组的活动、交互作用、感情。越来越多的活动实现伴随着强烈的归属感。群体成员互动不仅因为身体上的接触，还因为能够减少和解决问题、促进协调，并达到平衡。此

外，主管角色在工作-家庭关系中也是非常必要的，主管是支持型的，并且能够关心下属是否在一个令人愉快的工作环境（例如友好行为和亲密行为）中工作，采取行动使下属感到高兴，保护和支持下属，让下属参与重要决策的决议，倾听下属的意见，来创建强大的主管和下属之间的关系。家庭需要社会支持，是因为家庭是人们生活中的第一个社会团体，是家庭成员之间形成的纽带（Tromp & Blomme，2014）。家庭是当个体面临问题时可以抱怨的地方，这样家庭就可以在关注和解决问题时减轻压力与情感负担（Warner & Hausdorf，2013）。员工有家庭问题和工作问题需要去解决，家庭和社会可能在提高工作动机、工作满意度，以及缓解员工工作压力上起到非常重要的作用（Butts et al.，2015）。

④工作发展（Job Development）。实证研究的结果普遍支持的一个观点是，与不接触丰富工作条件的人相比，个人接触具有丰富条件的工作将会有一种更高水平的满足感（朱农飞，周路路，2010）。另一项研究表明，承担的工作越有挑战性，种类越多样，越具有自主性，个人越容易在工作中提高参与度以改善个人的工作状况（Nohe et al.，2015）。工作发展模型的成功构建证明，技术的提升和任务的意义都有助于工作经验的增加（Wayne，Musisca，Fleeson，2004），最终个人会受益。换句话说，拥有一份具有丰富工作条件的工作会增加个体在工作中的发展技能和积极体验的可能性，并最终使其在家庭中受益。

（2）关于工作-家庭增益的结果变量

稀缺性的观点指出，个人没有足够的资源来满足各种各样的角色，他们应该以牺牲其他角色为代价去参加一种角色（林忠，鞠蕾和陈丽，2013）。一项研究调查了角色间冲突的结果，被测试的主要假设是工作对家庭冲突/家庭对工作冲突无论与工作还是家庭的结果都呈负相关关系，但是，这仍然没有正确地解释为什么冲突是一种压力，并且压力源与情感性结果相关（林忠，孟德芳，鞠蕾，2015）。Carlson，Grzywacz和Zivnusk（2009）描述了一个概念模型，假设工作-家庭冲突具有两个方向，并证明家庭对工作冲突与工作满意度负相关，但是，另一项研究却发现了与之矛盾的假设。Allen等（2013）在进行了实证检验后表明，工作对家庭冲突与工作职责的退出呈正相关关系，与组织承诺、工作绩效、工作和家庭满意度呈负相关关系。社会学理论认为，拥有多个角色的个体可能会增加活力和提高绩效。工作-家庭增益的过程需要当个人参与一个角色（如工作）时要经常增加其他角色（如家庭）的参与，绩效和生活质量应该能够提高家庭角色。由于增益不反对结构建设（Carlson，Grzywacz，Zivnusk，2009），工作对家庭的增益将会对生活满意度和工作满意度产生正向影响，家庭对工作的增益将会对家人和工作满意度产生正向影响。

①工作满意度（Job Satisfaction）。根据Wayne，Musisca和Fleeson（2004）的观点，从工作角色参与中获得的资源，如正式的培训和有效的领导，将有助于持续性收益（如技能的开发），这可能对其他角色功能的改善具有促进作用。虽然这反映了一种期望，即资源将通过发展性收益影响工作-家庭增益，但可惜的是，直至2005年，相关研究都并没有考虑这样的间接关系，而是指定资源和工作-家庭增益之间的直接关系（Halbesleben，Jaron，Bolino，2009）。而工作-家庭增益已被证明能够预测工作满意度，这种关系可能部分归因于个人的工作收益。也就是说，员工如果认为能够从工作中获得利益，而且能够促进家庭角色，他们就会感到满意。Hunter等（2010）得出实证结论，工作-家庭增益的两个方向均正向影响工作满意度。Kelly等（2014）提出，发展性收益和工作-家庭增益都能增加员工的满意度；在组织中具有广泛影响的领导，将直接促进员工的满意度。

②生活满意度（Life Satisfaction）。生活满意度是衡量幸福的构念，幸福普遍被认为是对生活进行评估的结果。低生活满意度与角色冲突和低工作满意度显著相关（Kelly et al.，2014）。事实上，有三个传统观点描述工作满意度和生活满意度之间的关系，这三个模型包括：溢出模型（工作满意度和生活满意度正相关）、补偿模型（工作满意度和生活满意度负相关）、分割模型（工作满意度和生活满意度无关）。许多研究结果是一贯支持工作满意度和生活满意度的积极溢出性的（Hunter et al.，2010），但是之前的研究没有考虑工作满意度的情感方面和认知组成，从而无法解释情感（与认知能力评估）的反应是否与

生活满意度具有显著关系。Judge 等（1994）明确地证明，不同角色的情感反应和认知评价能够塑造生活满意度。无论是情感反应还是认知评估都可能使个人为了生活福利而溢出工作态度（Laura，Quiros，Phd，2010）。工作的负面情绪或低工作感知价值可能会降低个人的生活满意度，反之亦然。情感反应和认知评估会在各个方面体现，也对生活满意度造成影响。情感溢出过程会为了公共生活在职场转移情绪，而认知评估造成个体去审视他们当前的工作和理性生活的实用性。情感过程和认知溢出的影响是不同的。总的来说，可以得出这样的结论，情感反应和认知评估可能有一个类似的方向，但是它们对生活满意度的影响的大小可能不同，情感反应和认知评估与生活满意度都存在正向关系，因此，对生活满意的个人，会对自己的工作感到开心（即积极的情感反应），或者当发现了工作价值的时候（例如高认知能力评估）。Lingard，Francis 和 Turener（2010）得出实证结论，工作对家庭增益正向影响生活满意度。

另外，工作-家庭增益也已经被证明与其他的积极的工作产出具有相关关系，比如工作绩效、承诺（Marks & Macdermid，1996）。

（3）关于工作-家庭增益的中介和调节变量

有关工作-家庭增益的中介变量，是源自 Greenhaus 和 Powell 在 2006 年开发的双路径理论模型，双路径分别是工具性路径与情感路径。其中，工具性路径包含了许多的资源获取变量，情感路径主要指的是积极情感变量的中介作用。

有关工作-家庭增益的调节变量，首先，双路径理论仍然为工作-家庭增益提供了有效的调节变量。工具性的调节变量有资源一致性、资源关联程度以及身份显著性，情感性路径的调节变量仅有身份显著性。其次，传统的对于工作-家庭增益的调节变量探究，还是主要集中在性别研究上。传统的性别分工是，妻子负责家庭，丈夫承担养家糊口的角色（Matthews & Winkel，2014）。根据 Michel 等（2011）的观点，家庭责任已经是女性生活的很大一部分，女性被期望能为家人提供一个稳定的家庭。为了应对这个差异化的角色需求，相较男性，女性更有可能允许家庭需求花费她们更多的时间。此外，女性往往比男性花更多的时间在家庭和家务上（Michel et al.，2011）。如果在一个领域花费的时间将直接转化为冲突，Gutek等学者（1991）认为，相较男人，女人会经历更多的家庭对工作的干扰。尽管现实是，现代女性受到更多的教育，参与更多的劳动，具有更多的平等就业机会，许多证据表明，女性仍然把主要责任放在家庭琐事上（Ng & Feldman，2012）。根据Hochschild（1989）的说法，在双职工家庭中，女性似乎更适应工作和家庭负担的要求。有证据表明，相较男性伴侣，已婚妇女会继续承担更加沉重的家务和照顾孩子的负担（Pfeffer，2010）。因此，在这种情况下，人们会预计女性比男性经历更大的家庭对工作的干扰。然而，同一事物都会有两极化的相反表现，性别角色意识的内化也表明男性和女性之间的工作-家庭增益存在差异。一般来说，相较男员工，女员工会花更多的时间在家庭工作和家庭维护上，很可能，女员工在家庭耗费上的收益所带来的积极经历，可以帮助促进她的工作活动功能。相比之下，因为男人通常会为家庭提供经济保障，他们更倾向于花更多的时间在他们的工作上。在这种情况下，相较于自己的妻子，男性在工作经历上的正向外部溢出会更大，会导致更高水平的工作对家庭的增益。然而，尽管研究工作域与家庭域之间的积极互动越来越多，实证证据却仍然稀缺和分裂。例如，Powell和Eddleston（2011）发现，女性比男性经历了更高水平的增益。同样，Powell和Greenhaus（2010）报告说，与女性相比，男性无论在工作对家庭增益，还是家庭对工作增益上，得分都比较高。相反地，Russo和Buonocore（2012）的研究却并没有发现不同性别的员工存在着工作-家庭增益两个方向上水平的差别。由于缺乏有关针对性别差异的增益构念，工作-家庭平衡的框架看似更加符合逻辑。因此，Russo，Shteigman和Carmel（2016）提出了一个观点：相较女性，男性具有更高的工作对家庭的增益；相较男性，女性具有更高的家庭对工作的增益。

鉴于以上对现有工作-家庭增益的内涵、前因变量、结果变量、中介变量、调节变量的文献梳理，本书将工作-家庭增益的相关变量进行了总结概括，如图2-3所示。

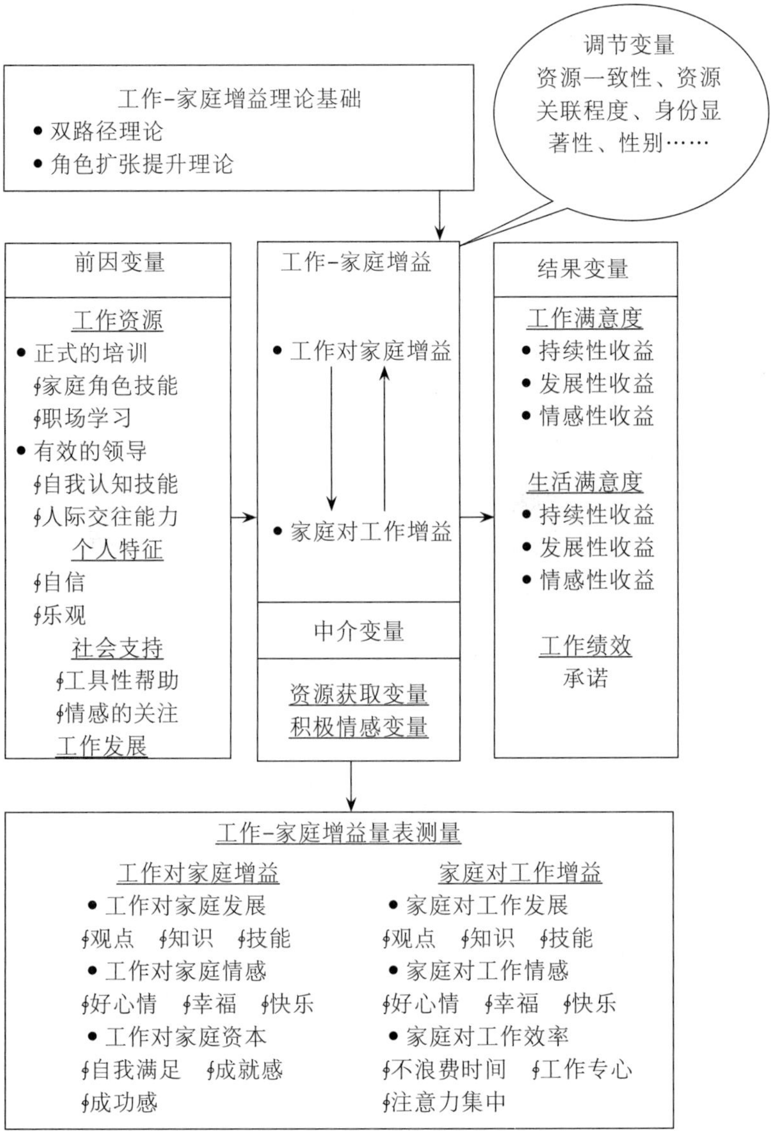

资料来源：本书整理。

图 2-3　工作-家庭增益相关关系研究图

2.2.3　工作-家庭增益相关研究述评

有关工作-家庭增益问题的探索已日益成为工作-家庭研究领域的主流。尽管学者们已经对工作-家庭增益的前因后果进行了大量的研究，但是绝大多数学者在对其前因变量进行研究时，均仅选取了个体方面变量或组织方面变量中的一个，缺乏对个体与组织整合层面的新探索；在对其结果变量进行探索时，均仅选取单一的工作域变量或者单一的家庭域变量，尚未出现对工作域变量和家庭域变量的整合理论探索。另外，关于工作–家庭增益的调节机制研究也较为匮乏（如图2–4所示）。事实上，只从个人视角或组织视角来探讨工作–家庭增益前因变量是不够全面的，而仅考虑工作–家庭增益在工作域中的结果或在家庭域中的结果也不尽全面，这是因为，工作–家庭增益是个体在工作域与家庭域之间，在组织与家庭之间进行跨域活动过程中产生的，其诱因同时涉及个体因素与组织因素，且能够同时对组织和个体产生影响，因而，对工作–家庭增益前因变量的探讨应同时考虑个体与组织整合层面，而对工作–家庭增益结果变量的研究也应兼顾工作域与家庭域。与此同时，有关工作–家庭增益调节机制的探索能够为企业针对不同员工进行不同的工作–家庭管理提供有益的参考，因而，应予以更多的关注和重视。

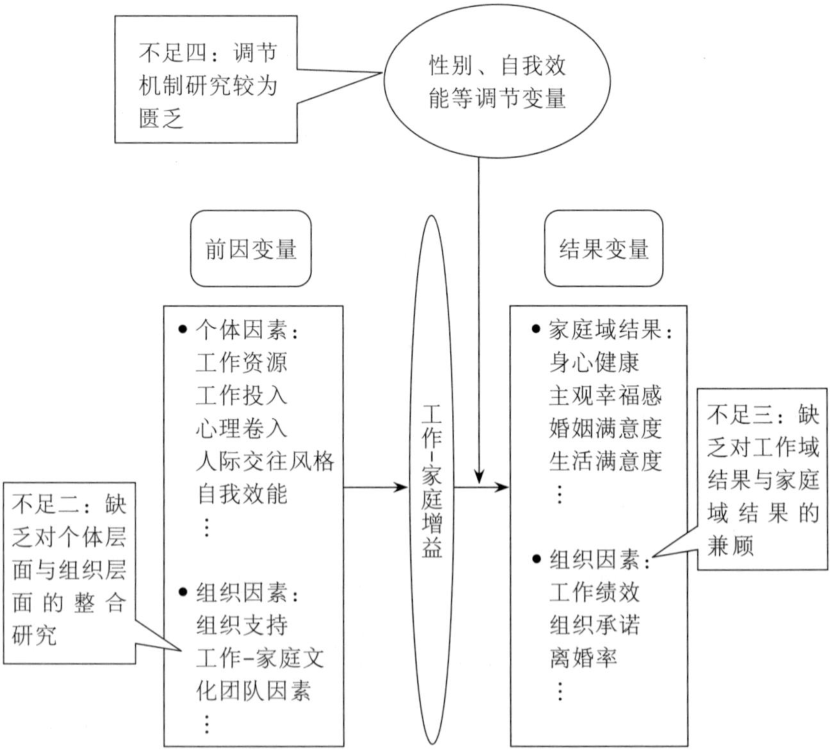

图2–4 工作–家庭增益研究现状

上述这些尚未被充分探讨的议题为本书提供了研究空间。本书拟同时选定主要受个人因素影响的边界弹性意愿变量与主要受组织因素影响的边界弹性能力变量，将两者的匹配作为工作-家庭增益的前因变量，将包括工作域变量工作繁荣和家庭域变量家庭繁荣的个体繁荣变量作为工作-家庭增益的结果变量，并将体现员工个体特征的正念变量作为调节变量，进而深入探讨上述几个变量之间的作用机理。

2.3 个体繁荣相关研究回顾

2.3.1 个体繁荣的概念

繁荣（Thriving）一词源于心理学，是以心理繁荣的形式出现的，个人不仅表现出生存、获得利益、成长，而且表现出个人积极向上的心理轨迹。繁荣作为心理状态，是一个暂时的本质属性，而不是长久的倾向。心理繁荣通常是指个体积极向上的心理轨迹（Thomas & Hall，2008）。2005年，Spreitzer等人将“繁荣”一词引入到管理学和组织行为学研究领域中，并据此提出个体繁荣（Individual Thriving）的构念。个体繁荣即指兼具学习（Learning）和活力（Vitality）的体验，这两个内容本质上体现的是个人成长中情感（活力）和认知（学习）的心理体验。其中，学习即指个人有意识地提高知识、技能以及能力的观念，而活力则指能够感觉到热情、有活力的积极状态（Halbesleben et al.，2014）。进一步地，个体繁荣并非为“是”与“否”的两个极端，也不是间断的状态，而是具有“连续”特征的持续过程。起初，学者们仅在工作领域探讨个体繁荣问题，在工作域中，个体繁荣体现了工作活力和学习的共同感觉，表达了一种工作进步，即工作繁荣（Thriving at Work），这也使其受到研究者们的关注，即注重对工作繁荣的研究，并认为工作繁荣事实上是对个人成长中情感维度和认知维度的体现（Halbesleben et al.，2014）。员工专注于工作繁荣，是因为它们把越来越多的时间放在工作领域，且相对于家庭生活，他们发现工作越来越有吸引力。我们定义工作繁荣是一种心理状态，个体体验到了一种活力和学习的感觉。然而，个体的成长并非只发生在工作域中，也发生在家庭域，为了个体在家庭领域也同样充满活力，感受学习带来的自我提高，保持蓬勃发展的态势，家庭繁荣（Thriving at Home）越来越受关注。据此，学者将个体繁荣构念进一步拓展为工作繁荣和家庭繁荣两个部分（Tan，2012），也正因为此，这一构念日益受到工作–家庭交界面相关研究者的重视。

2.3.2 个体繁荣与工作–家庭界面关系的理论研究

（1）工作繁荣的社会嵌入模型

自个体繁荣构念被在管理学领域和组织行为学领域提出后，学者们对其进行了诸多的理论探索和实证研究。在诸多理论模型中，影响最大且被广泛应用的是Spreitzer等于2005年提出的工作繁荣社会嵌入模型（A socially Embedded Model of Thriving）。繁荣描述了个人活力和学习的体验。如前文所述，起初，学者们聚焦于工作繁荣，该模型也探讨了如何实现工作域繁荣的问题。工作繁荣社会嵌入模型重视情境因素的重要作用，认为包括自由裁量权、信息共享、信任和尊重等氛围能够产生主动性行为，而这些主动性工作行为正是能够促进个体实现工作繁荣的重要原因。更为具体地，该模型认为，当个体置身于工作情境当中时，能够产生知识、积极意义、积极情感和关系等资源，这些资源能够促进个人在工作中产生积极主动的行为，进而实现工作繁荣。员工的工作繁荣社会嵌入模型包含三个方面的内容，第一，解释了繁荣的定义及理论建构，并与相关构念进行比较，包括弹性、兴旺、主观幸福感、心流和自我实现。第二，描述了工作情境下如何促进主动性工作行为，进而产生工作资源和繁荣。第三，描述繁荣如何促进工作中的自我适应的标准。该模型进一步指出，事实上，主动性工作行为与工作资源是呈螺旋上升趋势的（Lazarus，1984），这是因为，资源来源于主动性工作行为，又进一步刺激了主动性工作行为，而这一过程有益于个体实现持续繁荣。

工作繁荣的社会嵌入模型如图2–5所示，分为四个步骤：基本假设，引入主动性工作行为作为繁荣的动力，解释了情境如何促使主动性工作行为，以及总结讨论了繁荣在自我适应模型中的贡献。

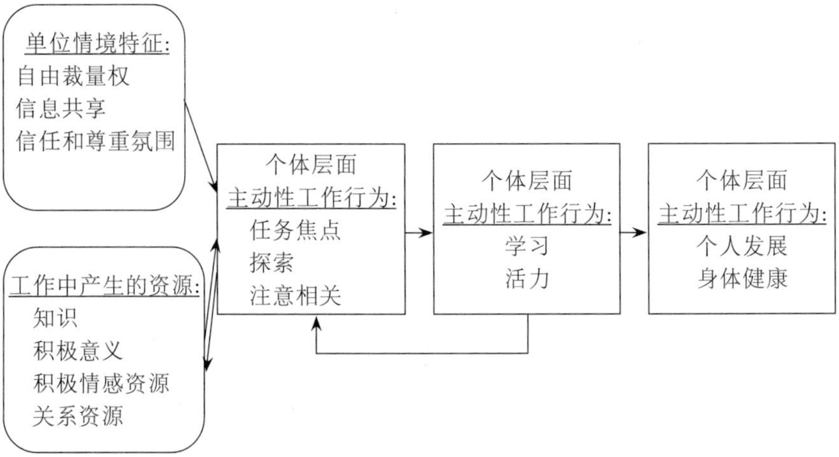

资料来源：Spreitzer & Grant.A socially embedded model of thriving at Work［J］. Organization Science,2005,16(5):537-549.

图2-5 工作繁荣的社会嵌入模型的建构路径

（2）积极关注的微观移动与工作-家庭增益和繁荣的关联模型

Russo，Shteigman和Carmeli（2016）开发的一个概念模型，有助于说明能够培养积极人际关系的微观关系移动，具有高水平的积极关注，促进工作-家庭增益，并最终增强个体繁荣的特征。它们在工作-家庭增益原有的理论视角——资源-获得-发展模型（Resource-Gain-Development Model）——基础上进行理论扩充，积极的工作关系、个体繁荣和临床治疗。它们提出的模型（见图2-6）验证了微观移动（感恩、同情、情感表达等特定行为）和如何培养具有高水平的积极关注特征的个体的工作和家庭利益相关者的关系，即传达接受和批准其他人信息的关系（Thomas & HALL，2008），机制是通过积极关注促进工作-家庭增益，反过来，在人们生活的各个领域产生一种繁荣，这被定义为“个人经历活力感觉与学习感觉的心理状态”（Carmeli & Spreitzer，2011）。以此来提供一个更综合的框架供我们思考在这一复杂过程逐渐揭开时关键的个人特征与环境特征。Russo，Shteigman和Carmeli的目标是从几个方面扩展当前对于微观关系移动、工作-家庭增益和个体繁荣的研究。

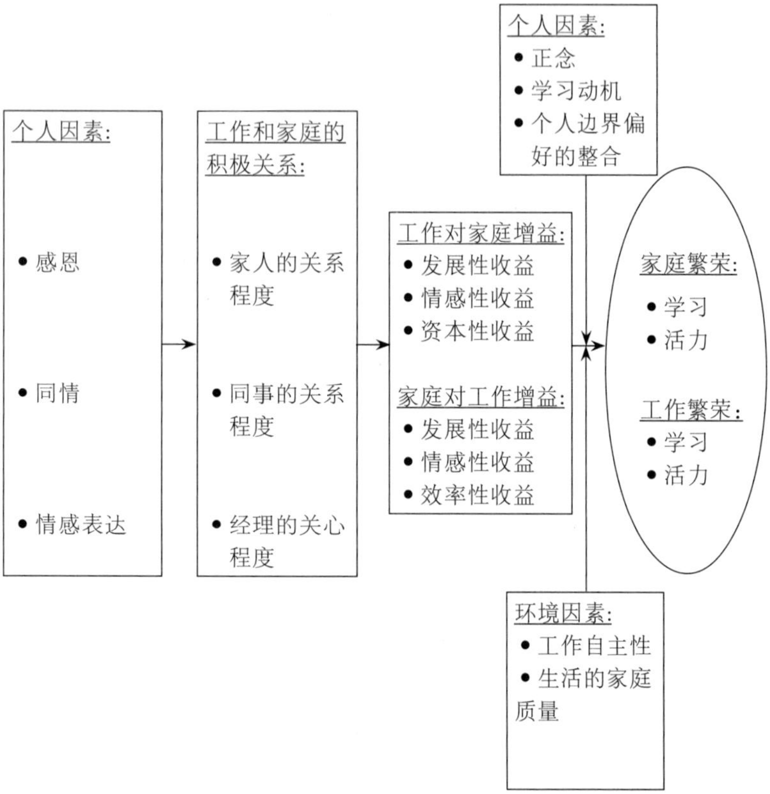

图2-6 积极关注的微观移动与工作-家庭增益和繁荣的关联模型

2.3.3 个体繁荣相关变量的研究

而后，学者们在工作繁荣社会嵌入模型与积极关注的微观移动与工作-家庭增益和繁荣的关联模型的基础上，对其进行了大量的实证研究，这些研究主要集中在对其前因与后果变量的探讨上。

（1）个体繁荣前因变量的研究

对个体繁荣前因变量的探索较为丰富，涉及组织环境、组织行为、工作资源以及个体行为等多方面因素。具体地，个体繁荣作为一种活力和学习相结合的积极心理学和积极组织行为学构念，是组织领导及员工渴望获得的心理体验。随着Carmeli和Spreitzer（2011）将个体繁荣应用于管理学领域，提出工作繁荣的社会嵌入模型，也开始了对个体繁荣前因变量的探索。可以认为，工作繁荣的前因变量涉及方面较多，包括组织环境特征因素，如信息共享、自由裁量权、信任氛围等；组织的行为因素，如主管支持、组织信任、领导行为等；工作资源因素，如知识、关系资源、情感资源等；个体行为因素，如任务取向、工作方法、工作联系等，个体微动作，如感恩行为、同情行为、情感表达等（Waldman，Carmeli，Halevi，2011）。

（2）个体繁荣结果变量的研究

现有研究发现个体繁荣的结果变量研究日趋完善（Carmeli & Spreitzer，2011），主要从个人和组织两个层面进行，发现个体繁荣与个人发展以及组织绩效均息息相关（韩翼，魏文文，2015）。一方面，个体繁荣有助于达到个人的可持续发展。个体繁荣作为一种心理体验，个人在工作域或家庭域都能感受活力，削弱消极情感，少有焦虑感和沮丧感，充满积极情感，有利于心理健康（Porath et al.，2012）；而且个人在工作中获得更多的学习机会更易获得幸福感，与生活领域的成员分享，更有利于家庭繁荣，有助于身体健康（Porath et al.，2011）。而且个人繁荣作为前因变量，对核心自我评价、积极情感、主动型人格均有积极影响，有助于削弱个人的消极情感、减少职业倦怠，对个人的职业发展是有益的（Porath et al.，2012）。个人的身心健康，职业发展的良好势头，工作不断进步能够促进个人达到可持续发展（Pfeffer，2010）。另一方面，个体繁荣有助于个体和组织绩效的提高。研究发现，个人在工作中表现出的工作热情、活力，能够提高工作效率，提高个人工作绩效（Porath et al.，2012），进而对组织的任务绩效和创新绩效均有积极影响（吴江秋，黄培伦，严丹，2015）。研究还发现，个体繁荣能够积极影响员工的组织公民行为、同事间的相互支持关系（Porath et al.，2011）；而且个人的主动性工作行为在积极影响个体繁荣时，个体繁荣也对主动性工作行为具有促进作用，同时也对领导效能具有积极影响，个体繁荣的领导更容易使追随者实现个体繁荣，能够用内在的活力和学习能力为员工创造积极的氛围，感染员工追随其发展的步伐，呈现出集体繁荣的趋势（韩翼，魏文文，2013）。与此同时，个体繁荣的溢出效应也受到学者们的关注。

（3）个体繁荣调节变量的研究

对个体繁荣的内部积极溢出效应以及调节机制进行了关注。研究发现，基于溢出效应理论，在个体繁荣内部，即在工作繁荣与家庭繁荣之间存在积极的交互溢出效应，个体在工作域实现工作繁荣所获得的正能量和学习体验可以蔓延到家庭域，实现家庭繁荣，相应地，个体在家庭领域实现家庭繁荣所带来的充满活力，也可以影响工作域，促进个体工作繁荣。总之，工作繁荣和家庭繁荣可以相互促进（Bolino et al., 2010；Porath et al., 2011；郑晓明，卢舒野，2013；Carmeli & Spreitzer，2011）。目前，有关个体繁荣调节机制的研究还相对较为匮乏，学者们主要从个人关怀、学习动机以及整合偏好等个体特征方面来对此问题进行探索（Fast，Burris，& Bartel，2014）。个体繁荣的相关关系一览表见表2-4。

表2-4　**个体繁荣的相关关系一览表**

前因变量名称	与个体繁荣的关系	代表性研究成果
组织环境特征因素： 信息共享、自由裁量权、 信任氛围	正相关	Emmons（2004）；Porath et al.（2007）
组织行为特征因素： 主观支持、组织信任、 领导行为	正相关	Spreitzer & Porath（2013）；Waldman et al.（2011）
工作资源特征因素： 知识、关系资源、情感资源	正相关	Dutton & Heaphy（2003）；Spreitzer et al.（2005）
个体行为特征因素： 任务取向、工作方法、 工作联系、感恩行为、 情感表达	正相关	Spreitzer et al.（2005）；Niesen et al.（2012）；Carmeli & Russo（2016）
结果变量名称	**与个体繁荣的关系**	**代表性研究成果**
个体层面因素： 积极情感、身心健康、 个体可持续发展	正相关	Spreitzer et al.（2005）；Pfeffer（2010）；Porath et al.（2012）；Spreitzer et al.（2005）；Spreitzer & Porath（2013）

续表

结果变量名称	与个体繁荣的关系	代表性研究成果
个体层面因素： 消极情感、焦虑、沮丧感、职业倦怠	负相关	Pfeffer（2010）
组织层面因素： 工作热情、活力、工作效率、组织公民行为、主动性工作行为、领导效能、良好同事关系、组织绩效	正相关	Porath et al.（2012）；Paterson et al.（2014）；吴江秋 等（2015）；Porath et al.（2008）；Spreitzer et al.（2005）；Porath et al.（2011）；韩翼，魏文文（2013）
调节变量名称	**与个体繁荣的关系**	**代表性研究成果**
个人的关怀 家庭型主管支持行为	正相关	Spreitzer & Grant（2005）
个体特征因素： 正念、学习动机、个体边界偏好的整合	正相关	Carmeli&Russo（2016）
个体层面因素： 工作自主性、生活的家庭质量	正相关	Carmeli&Russo（2016）；Kim & Las Heras（2012）；Spreitzer et al.（2005）； Allen & Paddock（2015）

2.3.4 个体繁荣与工作-家庭增益的关系研究

（1）工作-家庭增益作为个体繁荣的一种资源存在

工作-家庭增益理论表明，协同工作和非工作的经历都可以让人获得宝贵的情感（影响）和实践资源，例如，新技能和观点的开发，人力资本和效率的增强（Wayne，Musisca，Fleeson，2004）。这种增益的经验使员工更加足智多谋（Deci & Ryan，2008），从而更有能力应对生活的逆境和同时介入多个活动领域，进而，既能提升他们的活力（Marks & Macdermid，1996），又能提高他们的学习能力（即个体繁荣）。个体繁荣在面对高水平工作-家庭增益时，很有可能会得到提升，因为个人的资源会越来越强，承担代理行为与进行有益于个人成长与自我发展的活动时地能力也会越来越强（Wolever et al.，2012），例如，我们相信，全身心地投入各个生活角色的个人会更容易取得成功，因为通过这些日常的经验，他们可以获得有价值的资源，提高他们的整体系统功能，例如，在参加活动时结识新朋友很可能就会成为自己工作上的新客户，或者在处理家庭问题时他们能够提供帮助，基于能力范围的积极响应，个体能够从日常事务中抽离出来，学习到新的技能和能力（如开始一项新的爱好），进而促进其成长和更高绩效的实现（Good et al.，2016）。工作-家庭增益也可以促进资本收益的提升，如扩大一个人的个人和工作网络，这可能会导致更大的学习能力，以此作为连接学习与累积新知识的关键。因此，Russo 等（2015）认为，工作-家庭增益（包括工作对家庭增益与家庭对工作增益两个方向）能够积极影响员工的生活（包括工作域和家庭域）。

（2）个体繁荣的溢出效应加强工作-家庭增益

Lord 等（2010）提出了一个工作-家庭增益的交叉溢出模型，用来探索一个人从一个领域溢出到另一个领域时，如何把积极体验的感觉传递给同样社会环境下的其他成员。依据这个模型，Niessen，Sonnentag 和 Sach（2011）也提出了让在一个领域的个体繁荣体验能够溢出到另一个领域，受益的不仅是个人，还有他/她所在的社会环境下的全体成员。即使我们没有意识此项研究已经直接检验了个体繁荣的交叉溢出效应，仍然有一些间接的证据表明这种溢出是一个合理的过程。在二阶检验研究中，Demerouti（2012）发现，个体在工作中获得的资源溢出到家庭领域，通过正能量的交叉传递以及工作-家庭促进知觉的提升，配偶也会受益。Spreitzer（2013）也认为能够在工作上达到繁荣的个人更有可能在他们的家庭角色上达到繁荣，因为积极的能量和学习能力可以溢出到非职业领域，导致非职业领域的活力和学习的提升。从本质上讲，一种领域存在活力和生命力的一个域可以影响一个人在另一个领域寻找机遇和新工艺的方式，因为他们更渴望行为和行动能力的提升（Paterson，Luthans，Jeung，2014）。同样，个体繁荣意味着在一个特定领域更大的学习能力，但这种能力可以扩展，以至于会产生更多的需要探索与追求的学习机会。因此，Porath和Erez（2007）认为，一个领域的个体繁荣可以溢出到其他领域，并在个体存在的同样的社会环境中交叉出现，并能够提升这些领域个体繁荣的整体体验。

2.3.5 个体繁荣相关研究述评

综合以上研究，在积极心理学和积极组织行为学领域，个体繁荣这一构念较新，因而，在某种程度上讲，个体繁荣的研究也处于探索阶段，对其可探索的领域相对宽泛。作为前因变量，个体繁荣对个体层面和组织层面均有积极作用。首先，个体繁荣对个人的持续发展和身心健康有积极的影响，有助于组织成员的发展；其次，个体繁荣对组织的工作指标、工作态度和工作行为均有显著的正向影响，有利于改进工作场所管理绩效；再次，个体繁荣的两个方面，工作繁荣和家庭繁荣具有溢出效应，即相互发展，相互促进。尽管如此，两个领域的繁荣是否融合，以及融合所需的策略，现有文献并未涉及，这也是未来的研究方向。作为结果变量，探索个体繁荣的生成因素已成为研究的主线。现有研究基于自我决定和自我适应理论、资源获得发展理论，生成变量从组织环境到组织行为，再发展到个体行为，研究不断深入和完善，但仍需继续拓展。例如个体特质对个体繁荣的研究，也有待进一步验证。更重要的是，现有研究中，鲜少有关于个体繁荣的中介变量和调节变量作用机理研究：中介变量集中在心理因素（如心理资本、心理可及性等）、个体行为（如主动性工作行为、自我决定等），以及工作家庭增益对个体繁荣的影响上；调节变量的研究更是少之又少，仅有的研究关注了个体特征（如正念、学习动机和偏好等）和情境（如工作自主性、家庭生活质量等）。然而，文献虽少，却为本研究提供了理论基础：一方面提出了工作家庭增益与个体繁荣两个较新构念的关系；另一方面发现了对于中介作用的调节机理。同时也发现个体繁荣的现有研究均从客观环境出发，决定个人的工作行为抑或是个人适应环境，都是单向的，并不符合现实环境，因人与环境是双向匹配的。因此，实现工作家庭增益及个体繁荣的前因变量选择便成为本研究的主要内容。

个体繁荣能够带来积极结果已得到学者的一致认可。个体繁荣是个体和组织相互作用的结果，但是已有研究仅从个体或组织一个层面进行探讨，这显然是不够全面的；而且，学者们主要关注工作域的影响因素，大多数研究只关注工作繁荣的相关内容，缺乏对家庭繁荣的探索，而这与个体繁荣包括工作繁荣和家庭繁荣两个方面的定义内涵不符。除此以外，有关个体繁荣的调节机制，尤其是有关调节机制的实证研究更是不足，然而，相关调节机制的研究对理解个体繁荣的作用机理及制定相关的管理策略至关重要。因此，本书的定位为：同时考虑个体和组织因素，兼顾工作繁荣与家庭繁荣，以工作-家庭关系为关键变量，同时考虑其调节机制问题，对个体繁荣的形成机理进行深入研究（具体如图2-7所示）。

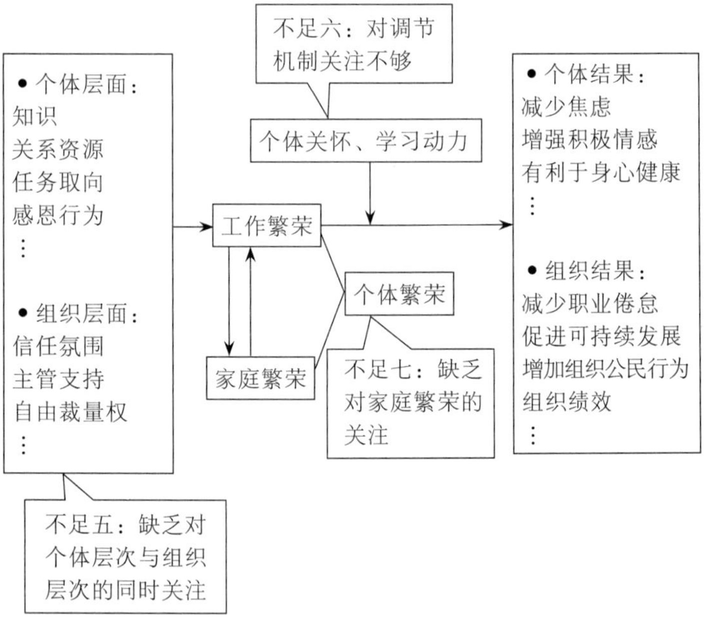

图2-7 个体繁荣研究现状

2.4 正念相关研究回顾

2.4.1 正念的概念

在乔恩·卡巴金博士之后，有关正念的研究在多项领域都取得了积极的成果，但关于正念的概念一直存在争议，不够清晰。目前，心理学界主要存在三种有关正念概念的认识：心理状态、心理过程、类人格特质。

与心理学定义不同，管理学中将其定义为积极、活跃地关注目前所有事物和细节，且对情境尤为敏感的个体意识状态。具体包括如下五个维度：一是留心（Observing），即关注或注意内部或外部的刺激，如感觉、情绪、认知、景象、声音和气味等；二是描述内心体验（Describing Inner Experiences），即对留心维度所描述内部或外部的刺激进行语言描述或标记精神状态；三是有意识地行为（Acting with Awareness），即个人有意识地参与当前的行为，而不是自主的行为或心不在焉的行为；四是内心体验的非判断（Nonjudging of Inner Experiences），即对个人感觉、认知和情感不予评价；五是内心体验的非响应（Nonreactivity to Inner Experiences），即允许个人的思想和感情随意来去，但不予关注和卷入（Eberth & Sedlmeier，2012）。

当前正念概念仍然难以取得一致的结论，但接受最为广泛的当属乔恩·卡巴金博士（2003）根据正念内涵给出的界定：正念属于“觉知力”，是有目的地通过将注意力集中在当下，并不予评判的感知不同瞬间所带来的体验。除了上述的分类方式，有学者按照正念发展历程将其概念分为本意、描述性定义和操作性定义三个循序渐进的阶段（Feldman，Greeson & Senville，2010）。概念的不确定在一定程度上阻碍了正念的发展。

2.4.2 正念的相关研究

（1）正念的测量量表研究

正念研究起步于临床，由于对正念概念的理解存在争议，因此在有关量表的编制中也存在较大差异，我国学者高正亮和童辉杰（2010）对现有文献中的量表进行统计整理，发现现有正念量表可以分为认知、能力、特质和状态四类。第一，正念认知量表，是基于将正念看做心理过程的定义加以制定。现在主要用的是正念问卷与南安普敦正念问卷进行检测。但是这些量表尚存在欠缺，它们对于心理特征测量有时不太稳定，表现在因素结构不一致与信度较低上，所以，使用此类量表比较有限（段文杰，2014）。第二，正念能力量表，顾名思义是用于检验个体正念能力和技巧的测量量表。主要包括体验问卷、五因素正念量表以及肯塔基州觉知量表，三个量表对于正念能力的检测都具有较好的信度与效度。其中，体验问卷用来对正念中的“去中心化”这项能力予以检测，指的是从一个更加广阔的视角看待个人思维的某项能力。但是，学者们至今仍无法明确正念的能力中哪些是最重要、最基本的（Park et al.，2013），因而，正念能力量表的内容效度因子检验仍受到一定质疑。五因素正念量表是运用探索性因素分析建构出的量表。此量表开发人员将所有题项整合在一起，多次进行探索性因子分析，最终得到5个维度（Baer et al.，2006）。肯塔基州觉知量表测量的是正念中的技巧与能力，例如不评价的接纳、有意识的行为、描述以及观察（Baer et al.，2004）。第三，特质正念量表，是指个人具备的一般品格（Park et al.，2013），正因如此，研究者都认同相较其他类型正念量表，特质正念量表能够更准确地检验正念，具备更好的信效度。通过实证检验发现，特质正念量表中的费城正念量表、正念注意觉知量表以及正念情感与认知量表都具备良好的准确性与适用性。第四，正念状态量表。正念状态量表是从正念是个人之间或者个人内部显现的差异化心理属性的角度进行测量。例如多伦多正念量表与弗赖堡正念量表都是正念状态量表的典型代表，需要注意的是，此类量表的局限性非常大，仅限于具备良好的冥想经验的个体使用。正念测量量表一览表见表2-5。

（2）有关正念的训练研究

从现有文献来看，正念的训练研究主要分为三种：正念疗法、正念训练和正念水平。一般而言，其一，正念疗法主要应用于心理医学领域，用于对焦虑、恐惧、抑郁、人格障碍等精神类疾病的治疗（Flook et al.，2013）。其二，正念训练通常用于培训项目中，如有效的正念减压疗法（MBSR）（Holas & Jankowski，2013），其中包括讲座、讨论和实践，并适应于工作场所（Ivers et al.，2016），主要以工作场所正念训练形式出现，通过每天练习提高思想、情绪和生理的反应意识。其三，正念水平的研究。正念训练和正念水平用于心理学领域和管理学领域，

表2-5 **正念测量量表一览表**

量表名称	量表维度（题项个数）	量表来源
弗赖堡正念量表	能够包容地面对负面心理状况（7）；不评判他人和自己（7）；能够洞察事件的整个过程（4）；能够在当下正确识别的注意（12）	Buchheld et al.（2001）
正念注意觉知量表	正念（15）	Brown & Ryan（2003）
肯塔基州觉知量表	行动时有意识（10）；描述（8）；接纳时不评判（9）；观察（12）	Baer（2004）
多伦多正念量表	好奇（6）；去中心化（7）	Lau et al.（2006）
五因素正念量表	观察（8）；描述（8）；有意识地行动（8）；接纳时不评判（8）；不在意经验（7）	Baer et al.（2004）；Krietemeyer & Toney（2006）
正念认知与情感量表（修订版）	注意（3）；当下关注（3）；意识（3）；接纳/不评判（3）	Feldman et al.（2007）
体验问卷	去中心化（11）	
费城正念量表	意识（10）；接纳（10）	Cardaciotto et al.（2008）
南安普敦正念文卷	正念（16）	
正念问卷	新异性寻求（6）；新异性产生（6）；参与性（5）；灵活性（4）	Haigh et al.（2011）

资料来源：段文杰．正念研究的分歧：概念与测量［J］．心理科学进展，2014，22（10）：1616-1627.

能够提高个人及组织的工作成果（Quaglia，Goodman，& Brown，2014）。目前，在心理学以及管理学领域有关正念的研究大致可分为两类：一类是有关正念训练的研究，另一类是有关正念的实证研究。

（3）有关正念的实证研究

正念训练和正念水平用于心理学领域和管理学领域，能够提高个人及组织的工作成果（Quaglia，Goodman & Brown，2014），是本研究的主要方面。正念作为一种个体意识状态，主要以前因变量的形式出现在文献中，鲜有以调节变量的形式出现。

①正念作为前因变量

正念作为前因变量，可能影响个人、团队和组织，但首先影响的是个人，主要包括注意力、认知、情感、行为和心理等人体机能的主要领域。研究表明，正念对于这些领域均有提高，能够保证注意力集中的持续性，提高认知水平和认知绩效，调节情绪，丰富积极情感，提高个人行为的自控能力，削弱心理压力，进而改善工作成果（Jha et al., 2015）。正念影响的工作结果主要包括三个方面：绩效、幸福感和关系。

第一，对工作绩效的影响。通过梳理文献发现，正念对一系列绩效相关的变量包括工作任务、组织公民行为、越轨行为和安全绩效均有影响。例如，特质正念与餐厅服务员、管理者的工作绩效有积极影响；接受正念训练的中层管理者与非接受的相比，管理绩效有显著提升。与此同时，正念还对与绩效相关的行为有影响，如伦理行为、越轨行为等，发现特质正念者，有更高的道德行为和亲社会行为，有较少的越轨行为（Reb, Narayanan, Ho, 2015）。再者，Zhang & Wu（2014）发现特质正念与复杂任务的员工的安全绩效有较强的关联，且丰富的经验能够提高关联程度。可以认为，正念对绩效的影响是多方面的（Good et al., 2016），具体地，改善绩效水平，降低绩效不确定性，缓冲破坏性或威胁性情境下的绩效，影响目标导向的行为和动机。但随着工作特征、环境特点、边界条件的不同，正念水平的作用也有所差异（Yang et al., 2000）。

第二，对幸福感的影响。正念研究者主要的关注点是幸福感，其作为融入员工生活的主要方面，是组织发展的驱动力。证据表明，正念通过对员工身心健康、与组织绩效相关的缺勤、离职意向角色内绩效等的积极影响，而对幸福感有显著的效益。Meta分析发现，正念实践对幸福感的一系列结果有强烈的影响（Eberth & Sedlmeier, 2012）。在工作中，正念和正念实践能够降低倦怠水平，减弱知觉压力，缓冲工作家庭冲突，削弱负面情绪，改善睡眠质量（Olano et al., 2015）。同样，Hülsheger等（2013）发现，特质正念和状态正念与工作满意度呈正相关，且特质正念有较强的关系。正念也对幸福感相关的变量有影响，具体来说，正念对管理者和企业家自我同情、心理资本、职业弹性等均有积极的影响（Pagnoni，2012）。

第三，对关系的影响。组织的本质和核心是关系，包括领导与下属的关系，合作伙伴之间的关系，工作与家庭之间的关系等。正念作为个体特征，影响着人际关系行为和工作关系质量（Quaglia，Goodman，Brown，2015），包括关注他人，关注沟通，减少冲突，减少情绪反应，直接表达情感，比如同情和移情等。例如，合作伙伴之间的特质正念与关系质量和稳定性具有积极的影响；受正念干预的影响，谈判者在谈判桌上更易获得成功（Reb，Narayanan，Chaturved，2014）。而且，对于组织关系密切，心理环境安全，正念能够增强员工的建言行为（Fast，Burris，& Bartel，2014）；领导采用正念的非判断方式，能够提高员工的信任和心理安全，进而提高员工学习能力。可以认为，正念能够提高员工的学习和活力，重视正念可能使员工更易获得个体繁荣。

第四，对积极的工作-家庭关系的影响。在工作-家庭界面，尽管工作-家庭冲突、工作-家庭平衡以及工作-家庭增益分属不同的概念（Allen et al.，2013），但并不是独立的，均是联系领域的体现。而正念对工作-家庭平衡的关系研究基于自我调节理论和角色平衡理论。角色平衡理论认为，积极角色平衡是个体参与每个角色时关注和注意的态度倾向，而正念能够使个体沉浸在所关注的角色之中，可能更好地达到角色绩效（Dane & Brummel，2014）。在工作和家庭角色方面，正念能够提高工作角色和家庭角色质量，可能有效地促进角色平衡。

②正念作为调节变量

少数研究证实了正念在工作生活领域的重要性。但鲜少有研究表明，个人的正念水平能够调节工作家庭增益和个体繁荣之间的关系。由于正念能够使个人的注意力持续集中，应对生活压力源，提高员工学习能力，保持积极情绪，甚至提高个体活力（Allen & Kiburz，2012），随着正念水平的提高，工作家庭增益对个体繁荣的积极效应更加明显。Allen和Layne（2015）也认为正念者对从事的事业更加专注，因此更深刻地理解资源跨域转移的影响和收益。同样，正念者能够调节情绪，感受社会环境中的认知、情绪和各种刺激。更有甚者，正念者能够确定最佳时机和最佳策略，将潜在的增益机会变成收益，使得家庭域和工作域的利益相关者同样受益。这与工作家庭增益研究的基本原则相一致；而且若使得家庭域或工作域的资源获得更大的利益，管理好工作和家庭的边界，使其系统利益最大化。表2-6显示了正念作为调节变量时的相关变量。

表2-6 **正念的相关关系一览表**

结果变量名称	与正念的关系	代表性研究成果
工作绩效	正相关	Dane & Brummel（2014）；Reb et al.（2014）；Shonin et al.（2014）；Reb et al.（2015）；Zhang & Wu（2014）；Good et al.（2016）
幸福感	正相关	Roeser et al.（2013）；Roche et al.（2014）；Allen & Kiburz（2012）；Eberth & Sedlmeier（2012）
关系	正相关	Quaglia et al.（2015）；Fast et al.（2014）；Reb & Narayanan（2014）；Saavedra et al.（2010）
工作→家庭冲突、家庭→工作冲突	负相关	Allen & Kiburz（2012）；Kiburz & Allen（2014）
工作-家庭平衡	正相关	Allen & Kiburz（2012）；Marks & MacDermid（1996）；Dane（2014）；Allen & Kiburz（2012）
人际关系行为、工作关系质量、员工的建言行为、学习能力	正相关	Quaglia et al.（2015）；Saavedra et al.（2010）；Reb & Narayanan（2014）；Dekeyser et al.（2008）；Wachs & Cordova（2007）
正念作为调节变量	与相关变量的关系	代表性研究成果
正念	生活压力源降低	Brown & Ryan（2003）
正念	学习能力提高、积极情绪提高、个体活力提高、家庭资源获益提高、工作资源获益提高	Edmondson（1999）；Broderick（2005）；Allen & Kiburz（2012）；Allen & Paddock（2015）；Carlson et al.（2006）

2.4.3 正念与积极工作-家庭关系的关系研究

关于正念的研究非常广泛，主要集中于基于正念冥想临床干预治疗，以及个体正念特质的研究（Good，Lyddy，Glomb，2016）。尽管如此，目前正念与积极工作家庭关系的研究非常少，2012年Allen和Kiburz首次将特质正念引入到工作家庭领域之中。通过对双职工家庭取样调查发现，正念使他们沉浸到自己工作家庭的角色之中，导致他们从事这些角色的效率更高，满意度增强。结果表明，个体特质正念水平越高，越能更好地实现工作家庭平衡。同时发现，睡眠质量以及活力可以显著调节两者的关系。同年，Allen、Johnson和Kiburz经过对拥有至少一个孩子的职工进行研究，发现正念可以独立作为一个重要的变量对工作家庭冲突或家庭工作冲突加以解释，这说明正念与工作家庭冲突也存在着明显的关系。正念干预可以有效提高个体特质正念并降低工作家庭冲突（Allen，Johnson，Kiburz，2013）。正念对工作家庭增益影响研究目前还没有涉及，但Singh（2010）的研究发现，进行正念训练的母亲其孩子的叛逆行为也随之降低，这可能是因为通过正念训练提高了员工之间的相互关心的程度，这个结果渗透到家庭域中提高了其对家庭成员的关心，这间接证明在正念对工作家庭的干预中会有正向的溢出效应。Allen和Kiburz基于Desrosiers、Glomb等的研究，从正念提高思维自我调节、行为和心理反应的角度出发，提出了四路径机制，该机制认为正念通过提高注意力，减少思维游离、情绪调控、资源最优配置以及强化时间认知四条途径提高个体在工作家庭中角色的效率，减少来自工作家庭两域中的压力，从而降低工作家庭冲突，达到工作家庭平衡。

2.4.4 正念与工作-家庭增益和个体繁荣的关系研究

正念是指个人当下积极地、公开地、用心地参与的一种丰富性意识，这样他/她就会注意到细微的细节和对环境更敏感（Heaphy & Dutton，2008）。尽管有关正念在工作-家庭界面的研究已经展开，但迄今为止只有少数研究证实正念在工作与生活领域的重要性（Allen & Layne，2015）。在这里，Carmeli和Spreitzer（2011）认为，一个人的正念水平能够调节工作-家庭增益和个体繁荣的关系，这个基于工作-家庭增益理论的进一步积极结果影响因素推导会在具有正念的人身上更加明显，这是因为正念帮助个体更加关注当下，更好地应对生活压力，增加人们的活力，以及产生出现更多的积极情绪（Michel，Bosch，Rexroth，2014）。Allen和Kiberz（2012）也认为，具有正念的人更加关注他们所做的事情，因此更能够理解哪些资源可以在特定领域进行跨领域转移，以及这个过程如何实现。此外，具有正念的员工能够在所处的社会环境中更好地调节自己的情绪和捕获所有的认知、情感和生理刺激。这对那些有能力将潜在的工作-家庭增益机会转化成具体的正收益的员工具有积极影响，因为当他们去接近工作与家庭的利益相关者或者被授权在其他领域去利用技能和创意灵感时，能够更好地识别什么是最好的时机和最优的策略办法。这与工作-家庭增益研究的基本原则保持一致：Carlson和他的同事（2009）提出，在工作域或家庭域获得的独特资源并不会导致其他领域系统功能的自动增强，个人需要去监控工作和家庭边界，从而找到一个进入方向或者一个表达机会。

2.4.5 正念相关研究述评

正念作为一种意识状态，是心理学的主要构念，其研究也相对较早，主要包括正念疗法、正念训练和正念水平的研究。然而，将正念引入管理学领域，作为一种个体特征，仍属较新的构念，因此在管理学领域的研究初具雏形，但还不成熟，目前的研究仅作为前因变量和调节变量出现。作为前因变量，正念的研究相对较多，通过对个人的注意力、认知、情感、行为和心理影响，进而影响工作结果变量，可以概括为三个方面：绩效、幸福感和关系。（1）正念对一系列绩效相关的变量包括工作任务、组织公民行为、道德行为和安全绩效均有积极影响；（2）正念通过对员工身心健康、与组织绩效相关的缺勤、离职意向角色内绩效等的积极影响，而对幸福感有显著的效益；（3）正念对组织关系如领导与下属的关系、合作伙伴之间的关系、工作与家庭之间的关系均有积极的影响。然而，正念对绩效、幸福感影响的研究较多，而正念对关系影响的研究还处于探索阶段，尤其是对工作家庭关系的研究刚刚起步。目前已有研究表明，正念能够有效地降低工作家庭冲突，且能够有效地促进工作家庭平衡，也有间接证据表明正念对工作家庭关系有溢出效应，因此可以认为正念对工作家庭增益具有积极影响。而且，正念以自我调节方式，从情绪调节和个体健康这一全新视角出发对工作家庭关系进行研究，是卓有成效的。此外，通过对组织行为的研究发现，正念对员工积极组织行为有正向的影响，间接地证实了正念对于活力和学习两个维度均有正向影响，这与个体繁荣的研究有了交点，因此可以认为正念对个体繁荣具有积极影响。更重要的是，已有文献表明工作家庭增益对个体繁荣具有积极的影响，因此，本书合理地认为，正念对于工作家庭增益对个体繁荣的积极影响具有调节作用。

近年来，越来越多的学者将正念构念引入到管理学以及组织行为学研究领域中来，而且，学者们多次强调应在工作-家庭研究领域中引入正念构念（Smallwood & Schooler，2015）。然而，有关正念在工作-家庭域中的相关研究，尤其是有关正念在工作-家庭域中调节机制的实证研究却仍然较为匮乏。由于正念是可以通过培训习得的，所以，有关正念在工作-家庭研究领域中调节机制的研究能够为企业管理者有关员工工作-家庭关系管理提供具有较大操作性的对策建议，因此，意义重大，而这正是本书的定位（如图2-8所示）。

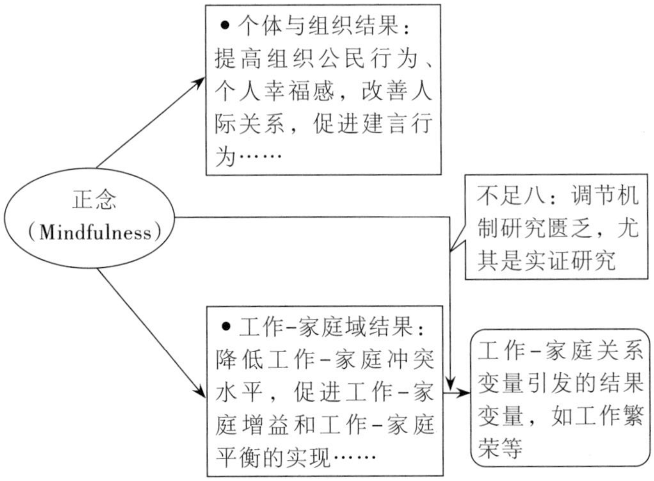

资料来源：本书整理。

图2-8　正念的研究现状

2.5 本章小结

本章首先对文章的边界弹性、工作-家庭增益、个体繁荣以及正念这几个核心概念的内涵进行了回顾，在对各个构念内涵进行梳理之后，逐一对边界弹性、工作-家庭增益、个体繁荣以及正念的相关文献进行了研究回顾，并且，着重对每个构念之间的相互关系研究进行了探讨，同时，还针对现有文献中的不足展开评述与探索，这就为本书后续的实证检验中的模型构建与研究假设的确定夯实了基础，因而，本章属于本书的基础章节。

3 相关量表在中国情境下的检验

本次预调研的样本选择，由于是测量企业员工的个人与组织交界面的边界弹性变量与个体繁荣变量，以及工作与家庭交界面的工作-家庭增益变量，都需要借助企业员工详细的个人简历信息、工作信息与生活信息，而我国不同类型企业性质存在差异化组织特征，经济地区不同的企业也存在差异化个体特征，因此本次选取国有企业、股份制企业、民营企业等不同性质企业10家，企业地理位置涉及我国东、中部两大经济区。由于本次测量的变量要求员工均应存在工作-家庭关系运动，因此本书对预调研研究样本采取如下处理：由于调查问卷的背景信息采集了待测员工样本的婚龄，因此，本书筛选出“婚龄”大于“0年”选项的员工，经过此轮筛选后剩余163份问卷。经继续筛选信息不全面问卷，最终剩余有效问卷156份。

本次预调研情况如下：2016年9月至2016年10月向10家企业的200名员工发放200份问卷，回收问卷174份，回收率为87%，其中，问卷的有效率达到78%，有效问卷共156份。这些企业位于天津、上海、深圳、北京等城市。有效问卷中，53.45%为男性，46.55%为女性；

63.31%为26岁以下，19.74%为26~30岁，10.61%为31~35岁，36~40岁占比4.1%，41~45岁占比1.12%，46~50岁占比0.93%，50岁以上的雇员占比0.19%；其他学历者占14.9%，本科学历者占75.42%，硕士学历者占9.68%，博士学历者占1.12%。另外，获取调查数据的方式是发放纸质调查问卷，对象是博士生导师的10位在职工商管理硕士学生。由他们在本单位发放及填写完成之后邮寄回笔者，再做进一步的预调查数据整理与录入。

本书使用的研究方法主要是实证研究，本书所涉及变量，除了家庭繁荣量表需要开发外，其他的变量完全能够找到成熟的国外量表，但问题是，以西方为背景编制而成的量表，对中国企业的员工是否适用未曾可知。所以，为了检验已经具有国外量表的变量在中国是否仍然能用，本章将对本书所涉及的核心变量，即前因变量边界弹性（包含工作弹性意愿、家庭弹性意愿、工作弹性能力、家庭弹性能力），中介变量工作-家庭增益（包含工作对家庭增益、家庭对工作增益），结果变量个体繁荣（包括工作繁荣和家庭繁荣两个方向）以及调节变量正念进行验证性因子分析。因而，本章内容是后文第4章进行前因变量员工边界弹性与结果变量个体繁荣之间的直接影响效应研究，第5章进行前因变量员工边界弹性、结果变量个体繁荣和中介变量工作-家庭增益之间的中介影响效应研究，以及第6章进行中介变量员工工作-家庭增益、结果变量个体繁荣和调节变量正念之间的调节影响效应的基础。

在验证性因子分析中，针对绝对适配度指标，本章选取χ^2/df值，即卡方自由度比来进行模型拟合程度的判断。该数值在小于2.5的范围都可以接受；本书还选取了RMSEA值，即渐进残差均方和平方根，如果RMSEA值小于0.05，那么模型具有较好的拟合程度，如果RMSEA值大于0.05且小于0.08，那么模型的拟合程度也在可接受范围上；本书还选取了GFI值，良性适配指标GFI，这个指标值如果介于0~1间，一般会认为在0.9以上模型较为理想，在0.8~0.9之间也是可以接受的。

针对相对适配度指标，本章选取了IFI值、NFI值、RFI值和CFI值，它们的数值都应该介于0~1间，并且，IFI值、NFI值、CFI值的数据适配标准均应在0.9以上，RFI值的数据适配标准应在0.8以上。

以上这些拟合指标值的判断与选择标准同样适用于后文关于前因变量员工边界弹性对结果变量个体繁荣直接影响效应的模型拟合判定，同时也适用于前因变量员工边界弹性、中介变量工作-家庭增益以及结果变量个体繁荣之间中介效应的模型拟合判定以及中介变量员工工作-家庭增益、调节变量正念和结果变量个体繁荣之间调节效应的模型拟合判定。

3.1 边界弹性量表在中国情境下的检验

3.1.1 已有边界弹性量表

边界弹性这一构念由Matthews和Barnes-Farrell于2010年在"Development and initial evaluation of an enhanced measure of boundary flexibility for the work and family domains"一文中提出，并将其分为边界弹性意愿与边界弹性能力两个维度。其中，边界弹性意愿包含了工作弹性意愿和家庭弹性意愿子维度，边界弹性能力包含了工作弹性能力和家庭弹性能力子维度。并且，这四个维度的信度与效度都通过了Matthews和Barnes-Farrell的实证检验。

由于边界弹性国外成熟量表本身产生的时间就比较晚，且将边界弹性理论，特别是边界弹性意愿与边界弹性能力的匹配这一理论分支应用于管理学的积极工作-家庭关系研究中的时日尚浅，因此，本书在附录中披露边界弹性量表，以供探讨。

3.1.2 边界弹性量表的信效度检验

（1）工作弹性意愿的信度与效度

参照Hammer，Kossek和Bodner（2013）测量量表信度的方法，本章也用α信度系数检验工作弹性意愿在中国情境下的信度。数据表明，工作弹性意愿原始子量表检验的α值为0.189，远小于信度基础值0.7，尚未达到信度可接受水平。去掉所有反向题项，包括WFWa4——"我不愿意取消与我的朋友和家人相关的计划来处理与工作相关的事情"、

WFWa6——“我认为永远没有理由为了去履行我的家庭和个人生活义务而改变我的工作时间”、WFWa7——“我不愿意为了自己能够履行朋友和家庭间的相关义务，而改变与我的工作计划”，α系数增至0.718，符合大于0.7的要求，达到可接受水平。

在验证工作弹性意愿子量表的信度之后，进一步地，本章用结构方程软件AMOS22.0对本书收集到的有效问卷进行工作弹性意愿的验证性因子检验。数据表明：χ^2是38.426，df是25，所以，χ^2/df的值是1.537，符合小于最高可接受水平2.5的要求；GFI是0.961，符合大于可接受水平0.9的要求；IFI是0.923，符合大于可接受水平0.9的要求；NFI是0.904，符合大于可接受水平0.9的要求；CFI是0.919，符合大于可接受水平0.9的要求。RFI是0.811，符合大于可接受水平0.8的要求；RMSEA是0.079，符合小于最高可接受水平0.08的要求。所以，χ^2/df、GFI、IFI、NFI、RFI、CFI、RMSEA全部符合理想要求。工作弹性意愿子量表的具体拟合指标值见表3-1，单因子模型得到了验证，并且，工作弹性意愿验证性因子结构图如图3-1所示。

表3-1 工作弹性意愿的验证性因子分析拟合指数表

指标	χ^2	df	χ^2/df	P	GFI	NFI	RFI	CFI	RMSEA
Model0	38.426	25	1.537	0	0.961	0.904	0.811	0.919	0.079

注：指标都在0.001水平上显著。

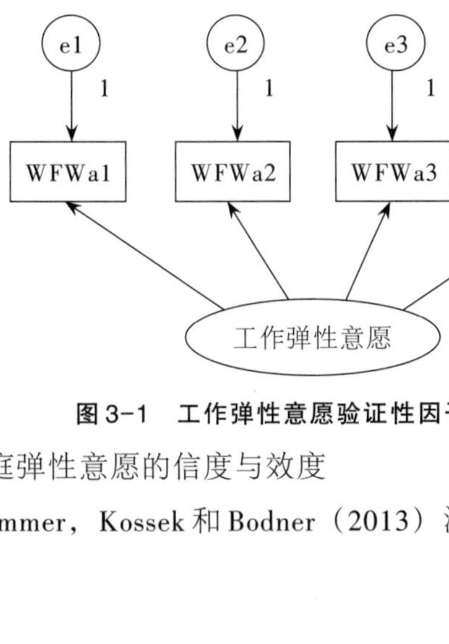

图3-1 工作弹性意愿验证性因子结构图

（2）家庭弹性意愿的信度与效度

参照Hammer，Kossek和Bodner（2013）测量量表信度的方法，本

章也用α信度系数检验家庭弹性意愿在中国情景下的信度。数据表明，家庭弹性意愿原始子量表检验的α值为0.727，大于信度基础值0.7，达到了信度的可接受水平。

本章用结构方程软件AMOS22.0对本书收集到的有效问卷进行家庭弹性意愿的验证性因子检验。数据表明：GFI是0.907，符合大于可接受水平0.9的要求。然而，除此之外，其他指标指结果不太理想，χ^2是32.989，df是9，所以，χ^2/df的值是3.665，不符合小于最高可接受水平2.5的要求；IFI是0.879，不符合大于可接受水平0.9的要求；NFI是0.841，不符合大于可接受水平0.9的要求；CFI是0.875，不符合大于可接受水平0.9的要求；RFI是0.735，不符合大于可接受水平0.8的要求；RMSEA是0.16，不符合小于最高可接受水平0.08的要求。

根据MI修正指数的提示，残差e1与e2相关（e1和e2对应题项分别为FFWa8和FFWa9），两者题项分别为“为了完成我的工作任务，我愿意改变与我朋友和家人的计划”和“为了满足相关工作职责，我愿意改变与我朋友和家人的度假计划”，两者内容表述上相近，与朋友和家人的计划包含与朋友和家人的度假计划，有一定的相关性。所以，允许它们存残差相关。连接它们的路径，重新验证模型。数据表明各拟合指标都符合了标准，其中，χ^2是12.304，df是8，χ^2/df的值是1.538，符合小于可接受水平2.5的要求；GFI是0.964，符合大于可接受水平0.9的要求；IFI是0.978，符合大于可接受水平0.9的要求；NFI是0.941，符合大于可接受水平0.9的要求；RFI是0.889，符合大于可接受水平0.8的要求；CFI是0.978，符合大于可接受水平0.9的要求；并且，RMSEA的值为0.072，恰巧符合小于最高可接受水平0.08的要求。家庭弹性意愿子量表的具体拟合指标值见表3-2，单因子模型得到了验证，并且，家庭弹性意愿验证性因子结构图如图3-2所示。

表3-2　　**家庭弹性意愿的验证性因子分析拟合指数表**

指标	χ^2	df	χ^2/df	P	GFI	NFI	RFI	CFI	RMSEA
Model0	32.989	9	3.665	0	0.907	0.841	0.735	0.875	0.16
Model1	12.304	8	1.538	0	0.964	0.941	0.889	0.978	0.072

注：指标都在0.001水平上显著。

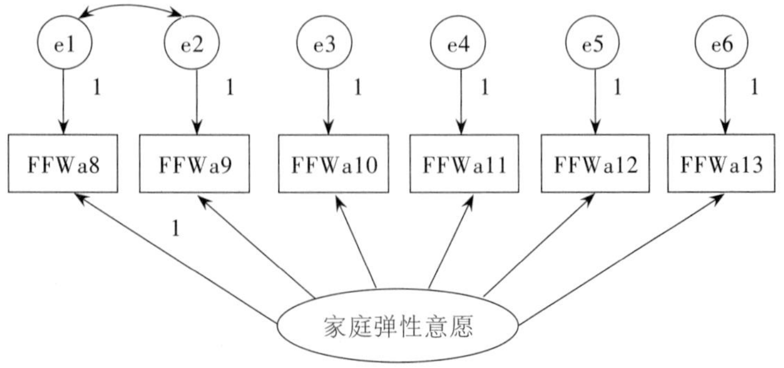

图3-2 家庭弹性意愿验证性因子结构图

（3）工作弹性能力的信度与效度

参照Hammer，Kossek和Bodner（2013）测量量表信度的方法，本章也用α信度系数检验工作弹性能力在中国情景下的信度。数据表明，工作弹性能力原始子量表检验的α值为0.768，大于信度基础值0.7，达到了信度的可接受水平。

本章用结构方程软件AMOS22.0对本书收集到的有效问卷进行工作弹性能力的验证性因子检验。数据表明：χ^2是3.44，df是2，所以，χ^2/df的值是1.72，符合小于最高可接受水平2.5的要求；GFI是0.983，符合大于可接受水平0.9的要求；IFI是0.985，符合大于可接受水平0.9的要求；NFI是0.964，符合大于可接受水平0.9的要求；CFI是0.984，符合大于可接受水平0.9的要求；RFI是0.893，符合大于可接受水平0.8的要求；RMSEA是0.079，符合小于最高可接受水平0.08的要求。所以，χ^2/df、GFI、IFI、NFI、RFI、CFI、RMSEA全部符合理想要求。工作弹性能力子量表的具体拟合指标值见表3-3，单因子模型得到了验证，并且，工作弹性能力验证性因子结构图如图3-3所示。

表3-3 工作弹性能力的验证性因子分析拟合指数表

指标	χ^2	df	χ^2/df	P	GFI	NFI	RFI	CFI	RMSEA
Model0	3.44	2	1.72	0	0.983	0.964	0.893	0.984	0.079

注：指标都在0.001水平上显著。

（4）家庭弹性能力的信度与效度

参照Hammer，Kossek和Bodner（2013）测量量表信度的方法，本

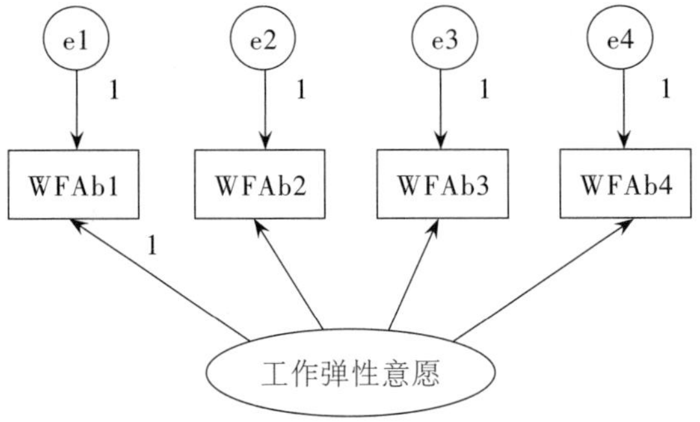

图3-3 工作弹性能力验证性因子结构图

章也用α信度系数检验家庭弹性能力在中国情景下的信度。数据表明，家庭弹性能力原始子量表检验的α值为0.545，没有大于信度基础值0.7，没有达到信度的可接受水平。去掉反向题项FFAb5——“我不会因为我的家庭和个人生活义务，去改变我的工作时间表（例如为了完成相关工作职责提早上班或延迟下班）”，α系数为0.751，大于0.7，达到可接受水平。

本章用结构方程软件AMOS22.0对本书收集到的有效问卷进行家庭弹性能力的验证性因子检验。数据表明：GFI是0.926，符合大于可接受水平0.9的要求；IFI是0.933，符合大于可接受水平0.9的要求；NFI是0.913，符合大于可接受水平0.9的要求；RFI是0.827，符合大于最低可接受水平0.8的要求；CFI是0.932，符合大于可接受水平0.9的要求；但是，χ^2为20.206，df为5，χ^2/df为4.041，不符合小于最高可接受水平2.5的要求；并且，RMSEA指标值结果不理想，RMSEA值为0.171，不符合小于最高可接受水平0.08。

依据MI修正指数提示，残差e3与e5相关（e3和e5对应题项分别为FFAb8和FFAb10），两者题项分别为“为了满足工作职责，我的家庭和个人生活的义务不会阻止我额外加班一天”和“为了满足工作职责，我能够从家庭中脱身和离开”，两者内容表述上相近，额外加班一天即是增加工作时间，从家庭中脱身以满足工作职责也是为了增加工作量。有一定的相关性。所以，允许它们存在残差相关。连接它们的路径，重新验证模型。数据表明各拟合指标都符合了标准，其中，χ^2是7.792，df是4，χ^2/df的值是1.949，符合小于可接受水平2.5的要求；GFI是

0.972，符合大于可接受水平0.9的要求；IFI是0.983，符合大于可接受水平0.9的要求；NFI是0.967，符合大于可接受水平0.9的要求；RFI是0.916，符合大于可接受水平0.8的要求；CFI是0.983，符合可接受水平0.9的要求；并且，RMSEA值为0.075，恰巧符合小于最高可接受水平0.08的要求。家庭弹性能力子量表的具体拟合指标值见表3-4，单因子模型得到了验证，并且，家庭弹性能力验证性因子结构图如图3-4所示。

表3-4　　家庭弹性能力的验证性因子分析拟合指数表

指标	χ^2	df	χ^2/df	P	GFI	NFI	RFI	CFI	RMSEA
Model0	20.206	5	4.041	0	0.926	0.913	0.827	0.932	0.171
Model1	7.792	4	1.949	0	0.972	0.967	0.916	0.983	0.075

注：指标都在0.001水平上显著。

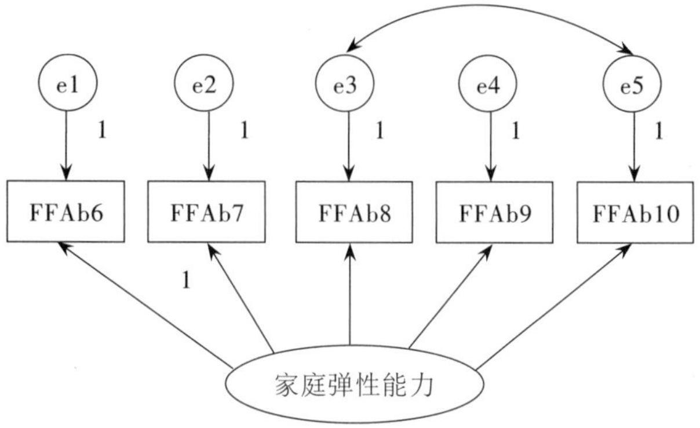

图3-4　家庭弹性能力验证性因子结构图

3.2 工作-家庭增益量表在中国情境下的检验

3.2.1 已有工作-家庭增益量表

由于工作-家庭增益国外成熟量表本身产生的时间就比较早，2006年就已经出现，是Carlson、Kacmar、Wayne和Graywacz在“Measuring the positive side of the work-family interface: Development and validation of a work-family enrichment scale”一文中提出的，且将工作-家庭增益这一概念应用于管理学的积极工作-家庭关系研究中已有时日，因此，此处不再披露工作-家庭增益量表，详见附录。

3.2.2 工作-家庭增益量表的信效度检验

（1）工作对家庭增益的信度与效度

参照Hammer，Kossek和Bodner（2013）测量量表信度的方法，本章也用α信度系数检验工作对家庭增益在中国情境下的信度。数据表明，工作对家庭增益原始子量表检验的α值为0.936，大于信度基础值0.7，已经达到信度的可接受水平。

本章用结构方程软件AMOS22.0对本书收集到的有效问卷进行工作对家庭增益的验证性因子检验。验证模型0，数据表明：χ^2为49.693，df为24，χ^2/df为2.071，符合小于最高可接受水平2.5的要求；GFI是0.962，符合大于可接受水平0.9的要求；IFI是0.971，符合大于可接受水平0.9的要求；NFI是0.936，符合大于可接受水平0.9的要求；RFI是0.966，符合大于最低可接受水平0.8的要求；CFI是0.965，符合大于可接受水平0.9的要求；但是，RMSEA指标值结果不理想，RMSEA值为0.101，不符合小于最高可接受水平0.08的要求。

依据MI修正指数提示，残差e1与e7相关（e1和e7对应题项分别为WFEa1和WFEa7），两者题项分别为“能够帮助我理解不同的观点，而这将有助于我成为一名更好的家庭成员”和“能够让我感觉到自我满足感，而这将有助于我成为一名更好的家庭成员”，两个题项的内容虽然看起来表述不太相近，但是，员工在能够获得不同观点支持的同时，也能够为其带来自我满足，所以，有一定的相关性，允许它们存在残差相关。连接它们的路径，重新验证模型1。数据表明：χ^2是42.041，df是23，χ^2/df是1.827，符合小于最高可接受水平2.5的要求；GFI是0.964，符合大于可接受水平0.9的要求；IFI是0.975，符合大于可接受水平0.9的要求；NFI是0.946，符合大于可接受水平0.9的要求；RFI是0.916，符合大于最低可接受水平0.8的要求；CFI是0.975，符合大于可接受水平0.9的要求；但是，RMSEA指标值结果仍然不理想，RMSEA

值为0.089，不符合小于最高可接受水平0.08的要求。

继续依据MI修正指数提示，残差e3与e6相关（e1和e7对应题项分别为WFEa3和WFEa6），两者题项分别为“能够帮助我获得更多的技能，而这将有助于我成为一名更好的家庭成员”和“能够让我感到快乐，而这将有助于我成为一名更好的家庭成员”，两个题项的内容虽然看起来表述不太相近，但是，在能够获得更多技能的同时，也能够为员工带来快乐的感觉，那么就有一定的相关性。所以，允许它们存在残差相关。连接它们的路径，重新验证模型2。数据表明：χ^2是36.472，df是22，χ^2/df是1.658，符合小于最高可接受水平2.5的要求；GFI是0.972，符合大于可接受水平0.9的要求；IFI是0.981，符合大于可接受水平0.9的要求；NFI是0.953，符合大于可接受水平0.9的要求；RFI是0.924，符合大于最低可接受水平0.8的要求；CFI是0.981，符合大于可接受水平0.9的要求；另外，RMSEA指标值结果不太理想但相差不多，RMSEA值为0.08，不符合小于最高可接受水平0.08的要求。工作对家庭增益子量表的具体拟合指标值见表3-5，三因子模型得到了验证，并且，工作对家庭增益验证性因子结构图如图3-5所示。

表3-5 **工作对家庭增益的验证性因子分析拟合指数表**

指标	χ^2	df	χ^2/df	P	GFI	NFI	RFI	CFI	RMSEA
Model0	49.693	24	2.071	0	0.962	0.936	0.966	0.965	0.101
Model1	42.041	23	1.827	0	0.964	0.946	0.916	0.975	0.089
Model2	36.472	22	1.658	0	0.972	0.953	0.924	0.981	0.08

注：指标在0.001水平上显著。

（2）家庭对工作增益的信度与效度

参照Hammer，Kossek和Bodner（2013）测量量表信度的方法，本章也用α信度系数检验家庭对工作增益在中国情境下的信度。数据表明，家庭对工作增益原始子量表检验的α值为0.905，大于信度基础值0.7，已经达到信度的可接受水平。

本章用结构方程软件AMOS22.0对本书收集到的有效问卷进行家庭对工作增益的验证性因子检验。数据表明：χ^2是39.463，df是24，所以，

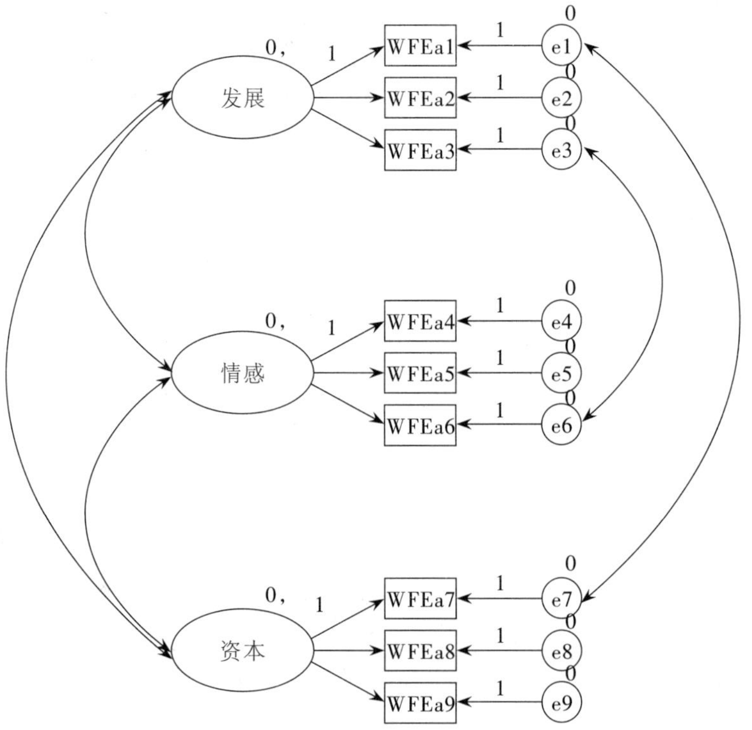

图3-5　工作对家庭增益验证性因子结构图

χ^2/df的值是1.644，符合小于最高可接受水平2.5的要求；GFI是0.976，符合大于可接受水平0.9的要求；IFI是0.98，符合大于可接受水平0.9的要求；NFI是0.951，符合大于可接受水平0.9的要求；CFI是0.98，符合大于可接受水平0.9的要求。RFI是0.926，符合大于可接受水平0.8的要求；RMSEA是0.079，符合小于最高可接受水平0.08的要求。所以，χ^2/df、GFI、IFI、NFI、RFI、CFI、RMSEA全部符合理想要求。家庭对工作增益子量表的具体拟合指标值见表3-6，三因子模型得到了验证，并且，家庭对工作增益验证性因子结构图如图3-6所示。

表3-6　　**家庭对工作增益的验证性因子分析拟合指数表**

指标	χ^2	df	χ^2/df	P	GFI	NFI	RFI	CFI	RMSEA
Model0	39.463	24	1.644	0	0.976	0.951	0.926	0.98	0.079

注：各指标值均在0.001水平上显著。

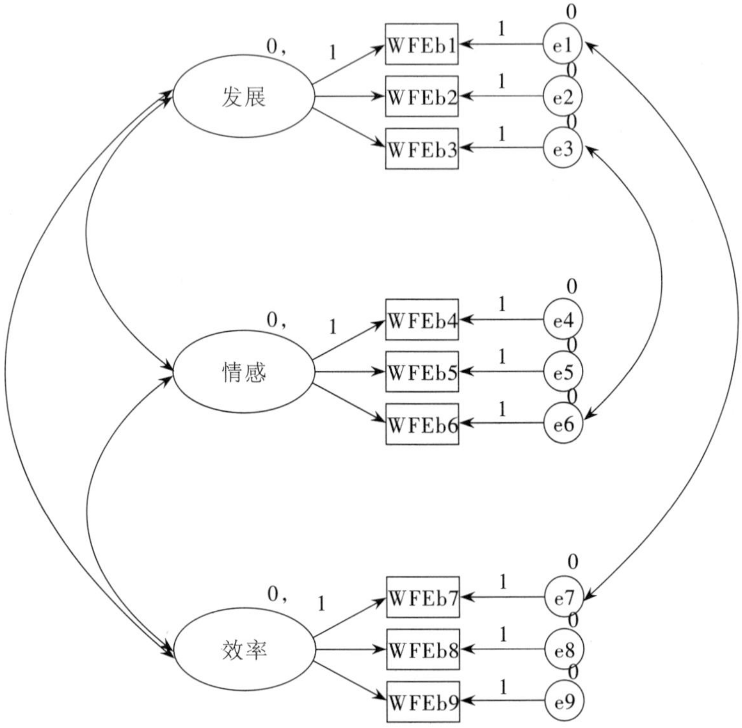

图 3-6　家庭对工作增益验证性因子结构图

3.3　个体繁荣量表在中国情境下的检验

3.3.1　已有工作繁荣量表

尽管工作繁荣国外成熟量表本身产生的时间比较晚，2012年才出现，它是由 Porath、Spreitzer、Gibson 和 Garnett 在 "Thriving at work: Toward its measurement, construct validation, and theoretical refinement" 一文中提出的。但是，将工作繁荣这一概念应用于管理学的积极工作-家庭关系研究中已有时日，因此，此处不再披露工作繁荣量表，详见附录。

3.3.2 家庭繁荣量表的设计

员工专注于工作繁荣，是因为他们把越来越多的时间放在工作领域（Saakvitne，Tennen，Affleck，2010），且相对于家庭生活（Singh et al.，2010），他们发现工作越来越有吸引力。我们定义工作繁荣是一种心理状态，个体体验到了一种活力和学习的感觉。然而，个体的成长并非只发生在工作域中，也发生在家庭域，换言之，个体在家庭中的自我提高与蓬勃发展也至关重要。然而，个人花费在工作上的时间越来越多，从而忽略了家庭生活。为了个体在家庭领域也同样充满活力，感受学习带来的自我提高，保持蓬勃发展的态势（Lckovics，Ickovics，Crystal，1998），家庭繁荣越来越受关注。换言之，家庭繁荣也极具重要意义（Spreitzer，2013）。由于家庭繁荣是由工作繁荣衍生出的构念，两者代表着个体在不同领域的繁荣状态，具有相似之处，因此，本书在工作繁荣内涵及测量方法的基础上确定家庭繁荣的内涵及其测量方法。具体而言，工作繁荣测量题项来自Porath等（2012）开发的量表，并被证明具有较好的信度与效度，被国外学者广泛使用。那么，由于家庭繁荣子量表在国内外均缺乏成熟量表，本书依据工作-家庭域研究者Greenhaus，Peng和Allen（2012）在“Relations of work identity，family identity，situational demands，and sex with employee work hours”一文中提出的量表设计办法，他们的量表开发是在Kanungo（1982）已设计出的工作投入量表基础上，选择工作投入量表中的五种工作形式中的心理认同，把相关题项中的“工作”替换成“家庭”，得出了家庭身份显著性量表，并且，信度符合要求，大于0.7。进一步地，林忠，孟德芳和鞠蕾（2015）依旧将运用此种方法得出的家庭身份显著性量表用在家庭支持型主管对工作-家庭增益的调节效应关系检验上，结果显示信度为0.745，大于0.7。因而，本书选择运用此办法，在已有工作繁荣子量表的基础上进行家庭繁荣子量表的开发设计。

个体繁荣即指兼具学习和活力的体验（Spreitzer，2013；Carmel & Spreitzer，2011），这两个内容本质上体现的是个人成长中情感（活力）和认知（学习）的心理体验（Walumbwa et al.，2018）。其中，学习即指个人有意识地提高知识、技能以及能力的观念（Waldman，Carmeli，& Halevi，2011），而活力则指能够感觉到热情、有活力的积极状态（Bolino et al.，2010；Porath et al.，2011）。进一步地，个体繁荣并非“是”与“否”的两个极端，也不是间断的状态，而是具有“连续”特征的持续过程（Spreitzer，2013）。进而，本书参照Porath等（2011）开发的工作繁荣量表，设计对应的家庭繁荣量表。工作繁荣量表中包含学习与活力两个维度，而这两个维度又分别对应五个相关题项，因而，本书设计的家庭繁荣量表中，依据个体繁荣兼具学习与活力的体现要求，仍然设计学习与活力两个维度，这两个维度也分别对应五个相关题项，每个题项都与工作繁荣中的题项相对照，将“工作”转化成“家庭”，但是，由于原有工作繁荣量表中包含两个反向题项，根据本书作者在国内发放调查问卷经验，反向命题的信效度一般不高，因而，在家庭繁荣量表中与之对应的题项全部转化为正项题项。最终量表经本书作者所参与的工作-家庭增益课题组成员（包含一位博士生导师、四位副教授及以上职称教师、五位博士生）的讨论商定，确保内容没有异议。最终量表详见本书附录中的调查问卷。

3.3.3 个体繁荣量表的信效度分析

（1）工作繁荣的信度与效度

参照Hammer，Kossek和Bodner（2013）测量量表信度的方法，本章也用α信度系数检验工作繁荣在中国情景下的信度。数据表明，工作繁荣原始子量表检验的α值为0.835，大于信度基础值0.7，已经达到信度的可接受水平。

本章用结构方程软件AMOS对本书收集到的有效问卷进行工作繁荣的验证性因子检验。验证模型0，数据表明：χ^2为116.686，df为34，χ^2/df为3.432，不符合小于最高可接受水平2.5的要求，GFI是0.819，不符合大于可接受水平0.9的要求；IFI是0.87，不符合大于可接受水平0.9的要求；NFI是0.825，不符合大于可接受水平0.9的要求；RFI是0.769，不符合大于最低可接受水平0.8的要求；CFI是0.867，不符合大于可接受水平0.9的要求；并且，RMSEA指标值结果也不理想，

RMSEA值为0.153，不符合小于最高可接受水平0.08的要求。

根据Estimates的结果提示，发现WTa4与WTa8的P值都不显著，两个题项分别为“工作期间，我不学习”与“工作中，我不觉得非常有活力”，前者P值为0.114，后者P值为0.126，因此，本书首先要做的是删除不显著指标的路径。删除WTa8，得到模型1拟合结果，其中，χ^2是70.098，df是26，χ^2/df是2.696，不符合小于可接受水平2.5的要求；GFI是0.876，不符合大于可接受水平0.9的要求；IFI是0.926，符合大于可接受水平0.9的要求；NFI是0.887，不符合大于可接受水平0.9的要求；RFI是0.843，符合大于最低可接受水平0.8的要求；CFI是0.924，符合大于可接受水平0.9的要求；RMSEA是0.128，不符合小于最高可接受水平0.08的要求。可见，此次验证的指标中，IFI、RFI、CFI符合要求，χ^2/df、GFI、NFI、RMSEA指标未达到要求，虽然较Model0有所进步，但仍不符合要求。

依据Estimates的结果提示，发现WTa4的P值仍不显著，P值为0.112，因此，本书其次要做的仍是删除不显著指标的路径。删除WTa4，得到模型2拟合结果，其中，χ^2是52.48，df是19，χ^2/df是2.762，不符合小于可接受水平2.5的要求；GFI是0.896，不符合大于可接受水平0.9的要求；IFI是0.942，符合大于可接受水平0.9的要求；NFI是0.912，符合大于可接受水平0.9的要求；RFI是0.871，符合大于最低可接受水平0.8的要求；CFI是0.941，符合大于可接受水平0.9的要求；RMSEA是0.13，不符合小于最高可接受水平0.08的要求。可见，此次验证的指标中，IFI、NFI、RFI、CFI符合要求，χ^2/df、GFI、RMSEA指标未达到要求，虽然较Model1有所进步，但仍不符合要求。

根据MI修正指数的提示，题项WTa5“在工作中，我获得了较大的个体发展”对“活力”维度具有一定贡献，所以，增加这个路径，得到模型3并进行检验。数据表明：χ^2是36.21，df是18，χ^2/df是2.012，符合小于可接受水平2.5的要求；GFI是0.921，符合大于可接受水平0.9的要求；IFI是0.969，符合大于可接受水平0.9的要求；NFI是0.94，符合大于可接受水平0.9的要求；RFI是0.906，符合大于可接受水平0.8的要求；CFI是0.968，符合大于可接受水平0.9的要求，但是，RMSEA

是0.099，不符合小于最高可接受水平0.08的要求。可见，此次验证的指标中，其他所有结果都符合要求，仅有RMSEA指标未达到要求。

根据MI修正指数的提示，残差e3和残差e5之间相关（两者分别对应WTa3题项和WTa5题项），内容分别是“我认为，我自己在工作之中能得到不断的提高”和“在工作中，我获得了较大的个体发展”，两者内容表述上相近，在工作中提升和在工作中发展都属于在工作中进步的概念，具有一定的相关特性。所以，同意它们的残差建立相关关系。因而，连接它们的路径，获得模型4并对它验证，数据表明所有拟合指标都符合了要求：χ^2是24.158，df是17，χ^2/df是1.421，符合小于可接受水平2.5的要求；GFI是0.949，符合大于可接受水平0.9的要求；IFI是0.988，符合大于可接受水平0.9的要求；NFI是0.96，符合大于可接受水平0.9的要求；RFI是0.934，符合大于可接受水平0.8的要求；CFI是0.987，符合大于可接受水平0.9的要求，RMSEA是0.064，符合小于最高可接受水平0.08的要求。

因此，工作繁荣量表中的有效题项剔除掉WTa4与WTa8，工作繁荣子量表的具体拟合指标值见表3-7，双因子模型得到了验证，并且工作繁荣验证性因子结构图如图3-7所示。

表3-7 **工作繁荣的验证性因子分析拟合指数表**

指标	χ^2	df	χ^2/df	P	GFI	RFI	CFI	RMSEA
Model0	116.686	34	3.432	0	0.819	0.769	0.867	0.153
Model1	70.098	26	2.696	0	0.876	0.843	0.924	0.128
Model2	52.480	19	2.762	0	0.896	0.871	0.941	0.13
Model3	36.210	18	2.012	0	0.921	0.906	0.968	0.099
Model4	24.158	17	1.421	0	0.949	0.934	0.987	0.064

注：Model0中除WTa4、WTa8，其他各指标值均在0.001水平上显著；Model1中除WTa4，其他各指标值均在0.001水平上显著；Model2、Model3、Model4的所有指标值均在0.001水平上显著。

（2）家庭繁荣的信度与效度

参照Hammer，Kossek和Bodner（2013）测量量表信度的方法，本

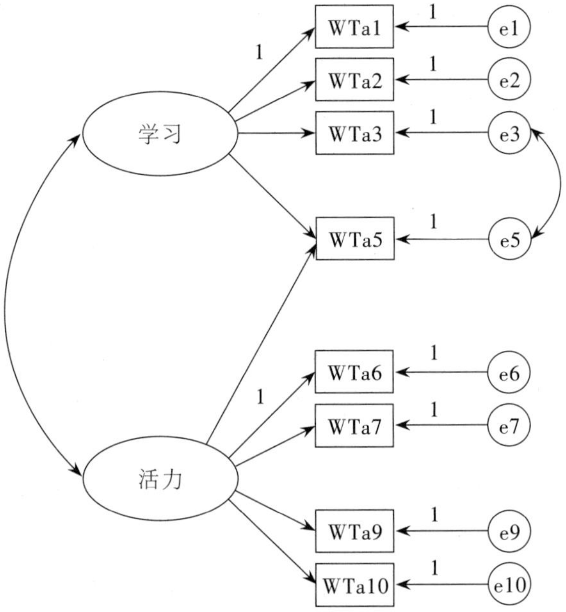

图 3-7　工作繁荣验证性因子结构图

章也用α信度系数检验家庭繁荣在中国情景下的信度。数据表明，家庭繁荣原始子量表检验的α值为0.946，大于信度基础值0.7，已经达到信度的可接受水平。

本章用结构方程软件AMOS对本书收集到的有效问卷进行家庭繁荣的验证性因子检验。验证模型0，数据表明：χ^2是91.41，df是34，χ^2/df是2.689，不符合小于最高可接受水平2.5的要求，GFI是0.853，不符合大于可接受水平0.9的要求；IFI是0.932，符合大于可接受水平0.9的要求；NFI是0.896，不符合大于可接受水平0.9的要求；RFI是0.862，符合大于最低可接受水平0.8的要求；CFI是0.931，符合大于可接受水平0.9的要求；并且，RMSEA指标值结果也不理想，RMSEA值为0.127，不符合小于最高可接受水平0.08的要求。可见，此次验证的指标中，IFI、RFI、CFI指标符合要求，但是，χ^2/df、GFI、NFI、RMSEA指标未达到要求。

根据MI修正指数的提示，题项FTb5“在家庭中，我获得了较大的个体发展”对“活力”维度具有一定贡献，所以，添加这个路径，获得模型1并对它验证。数据表明：χ^2是70.976，df是33，χ^2/df是2.151，符合小于可接受水平2.5的要求；GFI是0.888，不符合大于可接受水平0.9的要求；IFI是0.955，符合大于可接受水平0.9的要求；NFI是0.919，符合大于可接受水平0.9的要求；RFI是0.89，符合大于可接受水平0.8的要求；CFI是0.954，符合大于可接受水平0.9的要求，RMSEA是0.105，不符合小于最高可接受水平0.08的要求。可见，此次验证的指标中，χ^2/df、IFI、NFI、RFI、CFI指标符合要求，但是，GFI、RMSEA指标未达到要求。

根据MI修正指数的提示，残差e5和残差e10之间具有相关性（它们分别对应FTb5题项和FTB10题项），内容是“在家庭中，我获得了较大的个体发展”和“在家庭中，我总期待新的一天的到来”，两者内容表述上相近，在工作中获得个人发展就会期盼家庭生的继续。具有一定相关性。所以，同意它们的残差相关。因而，连接它们的路径，得到模型2，并对它验证，数据表明，χ^2是53.727，df是32，χ^2/df是1.679，符合小于可接受水平2.5的要求；GFI是0.912，符合大于可接受水平0.9的要求；IFI是0.974，符合大于可接受水平0.9的要求；NFI是0.939，符合大于可接受水平0.9的要求；RFI是0.914，符合大于可接受水平0.8的要求；CFI是0.974，符合大于可接受水平0.9的要求，但是，RMSEA是0.081，不符合小于最高可接受水平0.08的要求，可见，此次验证的指标中，χ^2/df、GFI、IFI、NFI、RFI、CFI指标都符合要求，仅有RMSEA指标未达到要求。

根据MI修正指数的提示，题项FTb4“在家庭中，我进行学习”对“活力”维度具有一定贡献，添加这个路径，得到模型3，并对它验证。数据表明：χ^2是45.174，df是31，χ^2/df是1.457，符合小于可接受水平2.5的要求；GFI是0.925，符合大于可接受水平0.9的要求；IFI是0.983，符合大于可接受水平0.9的要求；NFI是0.948，符合大于可接受水平0.9的要求；RFI是0.925，符合大于可接受水平0.8的要求；CFI是0.983，符合大于可接受水平0.9的要求，RMSEA是0.066，符合小于最高可接受水平0.08的要求。可见，所有指标均达到理想要求。家庭繁荣子量表的具体拟合指标值见表3-8，双因子模型得到了验证，并且家庭繁荣验证性因子结构图如图3-8所示。

表3-8　　家庭繁荣的验证性因子分析拟合指数表

指标	χ^2	df	χ^2/df	P	GFI	NFI	RFI	CFI	RMSEA
Model0	91.41	34	2.689	0	0.853	0.896	0.862	0.931	0.127
Model1	70.976	33	2.151	0	0.888	0.919	0.89	0.954	0.105
Model2	53.727	32	1.679	0	0.912	0.939	0.914	0.974	0.081
Model3	45.174	31	1.457	0	0.925	0.948	0.925	0.983	0.066

（注：各指标值均在0.001水平上显著）

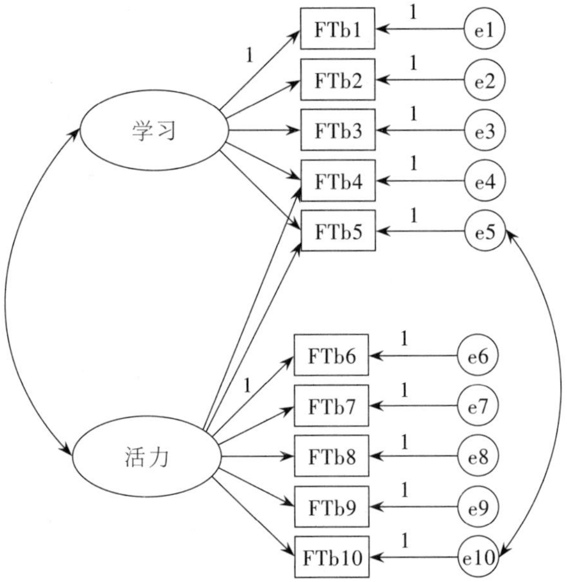

图3-8　家庭繁荣验证性因子结构图

3.4　正念量表在中国情境下的检验

3.4.1　已有正念量表

正念这一构念量表由Brown和Ryan于2003年提出，Baer等人在“Using self-report assessment methods to explore facets of mindfulness”一文中进行验证，并将其分为内心体验的非响应、留心、有意识的行为、

描述内心体验、内心体验的非判断五个维度。并且，这五个维度的信度与效度都通过了实证检验。由于正念的五个维度共包含39个题项，其中，内心体验的非响应维度包括7个题项，留心维度包括8个题项，有意识的行为维度包括8个题项，描述内心体验维度包括8个题项，内心体验的非判断包括8个题项，因此若把五个维度放在一起综合检验信度与效度则不能为本书后续的正念内部研究提供进一步支持，因而，分别检验五个维度的信度与效度。此处不再披露正念量表，详见本书附录。

3.4.2 正念量表的信效度检验

（1）内心体验的非响应的信度与效度

参照Hammer，Kossek和Bodner（2013）测量量表信度的方法，本章也用α信度系数检验内心体验的非响应维度在中国情景下的信度。数据表明，内心体验的非响应原始维度量表检验的α值为0.789，大于信度基础值0.7，达到信度的可接受水平。

本章用结构方程软件AMOS对本书收集到的有效问卷进行内心体验的非响应的验证性因子检验。验证模型0，数据表明：χ^2是43.271，df是14，χ^2/df是3.091，不符合小于最高可接受水平2.5的要求；GFI是0.894，不符合大于可接受水平0.9的要求；IFI是0.852，不符合大于可接受水平0.9的要求；NFI是0.796，不符合大于可接受水平0.9的要求；RFI是0.694，不符合大于最低可接受水平0.8的要求；CFI是0.847，不符合大于可接受水平0.9的要求；并且，RMSEA指标值结果也不理想，RMSEA值为0.142，不符合小于最高可接受水平0.08的要求。可见，此次验证的指标中，IFI、RFI、CFI、χ^2/df、GFI、NFI、RMSEA指标未达到要求。

根据MI修正指数的提示，残差e2与e3相关（e2和e3对应题项分别为Ma2和Ma3），两者题项分别为“我注意到了我的感觉，我并没有迷失方向”和“在困难的情况下，我能够暂时停下来，中止动作”，两者内容表述上相近，没有迷失方向与暂停困难都是个人内心的积极体验。具有一定相关性。所以，同意它们的残差相关。因而，连接它们的路径，得到模型1，并对它验证，数据表明，χ^2为22.563，df为13，

χ^2/df为1.736，符合小于可接受水平2.5的要求；GFI是0.936，符合大于可接受水平0.9的要求；IFI是0.952，符合大于可接受水平0.9的要求；NFI是0.894，不符合大于可接受水平0.9的要求；RFI是0.828，符合大于可接受水平0.8的要求；CFI是0.95，符合大于可接受水平0.9的要求，RMSEA是0.084，不符合小于最高可接受水平0.08的要求，可见，此次验证的指标中，χ^2/df、GFI、IFI、RFI、CFI指标都符合要求，NFI、RMSEA指标未达到要求。

根据MI修正指数的提示，残差e4和残差e5之间具有相关性（分别对应Ma4题项和Ma5题项），题项内容分别是“通常当我感到悲伤时，我能够仅仅注意它，但我能忽略这种悲伤”和“通常当我感到悲伤时，我能很快恢复镇静”，两者内容表述虽然不相近，但是，面对悲伤，无论是前者选择忽略悲伤情绪还是后者选择恢复镇定，都属于个体由消极情绪向积极情绪转换所做出的努力，具有一定相关性。所以，同意它们的残差相关。因而，连接它们的路径，得到模型2，并对它验证，数据表明，χ^2为15.994，df为12，χ^2/df为1.333，符合小于可接受水平2.5的要求；GFI是0.957，符合大于可接受水平0.9的要求；IFI是0.98，符合大于可接受水平0.9的要求；NFI是0.925，符合大于可接受水平0.9的要求；RFI是0.868，符合大于可接受水平0.8的要求；CFI是0.979，符合大于可接受水平0.9的要求，RMSEA是0.057，符合小于最高可接受水平0.08的要求，可见，此次验证的指标中，χ^2/df、GFI、IFI、RFI、CFI、NFI、RMSEA指标全部达到了理想要求。各模型具体拟合指标值如表3-9所示。单因子模型得到了验证，并且内心体验的非响应验证性因子结构图如图3-9所示。

表3-9　　**内心体验的非响应验证性因子分析拟合指数表**

指标	χ^2	df	χ^2/df	P	GFI	NFI	RFI	CFI	RMSEA
Model0	43.271	14	3.091	0	0.894	0.796	0.694	0.847	0.142
Model1	22.563	13	1.736	0	0.936	0.894	0.828	0.95	0.084
Model2	15.994	12	1.333	0	0.957	0.925	0.868	0.979	0.057

注：各指标值均在0.001水平上显著。

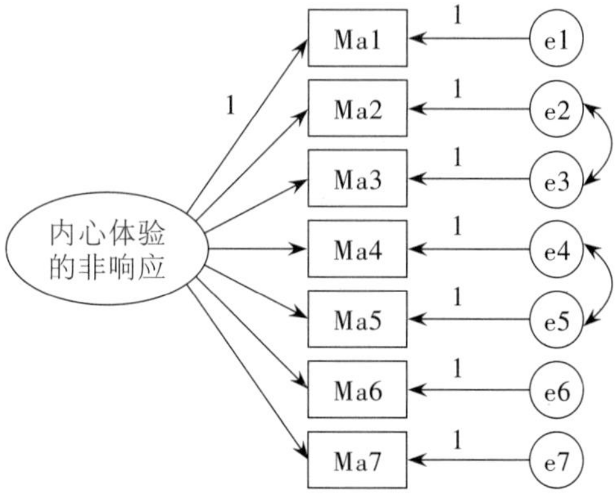

图 3-9 内心体验非响应验证性因子结构图

（2）留心的信度与效度

参照Hammer，Kossek和Bodner（2013）测量量表信度的方法，本章也用α信度系数检验留心维度在中国情景下的信度。数据表明，留心原始维度量表检验的α值为0.900，大于信度基础值0.7，达到信度的可接受水平。

本章用结构方程软件AMOS对本书收集到的有效问卷进行留心的验证性因子检验。验证模型0，数据表明：χ^2是112.924，df是20，χ^2/df是5.646，不符合小于最高可接受水平2.5的要求；GFI是0.808，不符合大于可接受水平0.9的要求；IFI是0.83，不符合大于可接受水平0.9的要求；NFI是0.801，不符合大于可接受水平0.9的要求；RFI是0.721，不符合大于最低可接受水平0.8的要求；CFI是0.828，不符合大于可接受水平0.9的要求；并且，RMSEA指标值结果也不理想，RMSEA值为0.102，不符合小于最高可接受水平0.08的要求。可见，此次验证的指标中，IFI、RFI、CFI、χ^2/df、GFI、NFI、RMSEA指标未达到要求。

根据MI修正指数的提示，残差e1与残差e2之间相关（分别对应Mb1题项和Mb2题项），题项内容分别是“当我走在路上，我能意识到我的身体在移动”和“当我洗澡时，我能感到水在我身上流动”，两者内容表述上虽然不同，但是，对身体移动的感受与对水流动的感受都可以理解为是对“moveing”的认知，具有一定相关性。所以，同意它们的残差相关。因而，连接它们的路径，得到模型1，并对它验证，数据表明，χ^2是39.686，df是19，χ^2/df是2.089，符合小于可接受水平2.5的要求；GFI是0.911，符合大于可接受水平0.9的要求；IFI是0.962，符合大于可接受水平0.9的要求；NFI是0.93，符合大于可接受水平0.9的要求；RFI是0.897，符合大于可接受水平0.8的要求；CFI是0.962，符合大于可接受水平0.9的要求，RMSEA值为0.084，不符合小于最高可接受水平0.08的要求。可见，此次验证的指标中，χ^2/df、GFI、IFI、RFI、NFI、CFI指标都符合要求，仅有RMSEA指标未达到要求。

根据MI修正指数的提示，残差e3与e8相关（e3和e8对应题项分别为Mb3和Mb8），两者题项分别为“我能注意到，食物和饮品如何影响我的思想、身体感官和情感”和“我关心我的情感如何影响我的思想和行为”，两者内容表述上虽然不同，但是，两者都是对个人思想与行为能否受到影响的认知，具有相关性。所以，同意它们的残差相关。因而，连接它们的路径，得到模型2，并对它验证，数据表明，χ^2是30.645，df是18，χ^2/df是1.702，符合小于可接受水平2.5的要求；GFI是0.93，符合大于可接受水平0.9的要求；IFI是0.977，符合大于可接受水平0.9的要求；NFI是0.946，符合大于可接受水平0.9的要求；RFI是0.916，符合大于可接受水平0.8的要求；CFI是0.977，符合大于可接受水平0.9的要求；RMSEA是0.082，不符合小于最高可接受水平0.08的要求。可见，此次验证的指标中，仍然出现了与Model1相同的检验结果，χ^2/df、GFI、IFI、RFI、NFI、CFI指标都符合要求，仅有RMSEA指标不符合要求。

依据MI修正指数，残差e4与残差e7之间具有相关性（分别对应Mb4题项和Mb7题项），题项内容分别是“我关心感觉，例如风吹我的头发或太阳照在我的脸上”和“我注意到艺术或自然的视觉要素，例如光和影的颜色、形状或图形”，两者内容表述上虽然不尽相同，但是，两者所表达的应该都是感受自然的状态，具有一定的相关性。所以，同意它们的残差相关。因而，连接它们的路径，得到模型3，并对它验证，数据表明，χ^2为23.218，df为17，χ^2/df为1.366，符合小于可接受水平2.5的要求；GFI是0.949，符合大于可接受水平0.9的要求；IFI是0.989，符合大于可接受水平0.9的要求；NFI是0.959，符合大于可接受水平0.9的要求；RFI是0.933，符合大于可接受水平0.8的要求；CFI是0.988，符合大于可接受水平0.9的要求；RMSEA是0.059，符合小于最高可接受水平0.08的要求。可见，此次验证的指标中，χ^2/df、GFI、IFI、RFI、NFI、CFI、RMSEA全部达到了理想要求。各模型具体拟合指标值如表3-10所示。单因子模型得到了验证，并且留心验证性因子结构图如图3-10所示。

表3-10 **留心的验证性因子分析拟合指数表**

指标	χ^2	df	χ^2/df	P	GFI	NFI	RFI	CFI	RMSEA
Model0	112.924	20	5.646	0	0.808	0.801	0.721	0.828	0.102
Model1	39.686	19	2.089	0	0.911	0.93	0.897	0.962	0.084
Model2	30.645	18	1.702	0	0.93	0.946	0.916	0.977	0.082
Model3	23.218	17	1.366	0	0.949	0.959	0.933	0.988	0.059

注：各指标值均在0.001水平上显著。

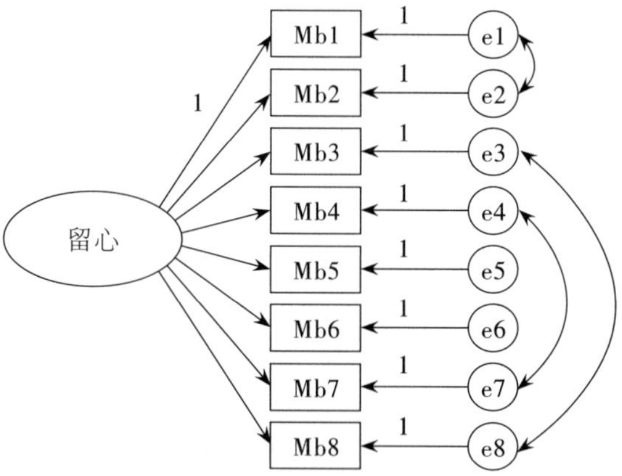

图3-10 留心因子结构图

（3）有意识的行为的信度与效度

参照Hammer，Kossek和Bodner（2013）测量量表信度的方法，本章也用α信度系数检验有意识的行为维度在中国情景下的信度。数据表明，有意识的行为原始维度量表检验的α值为0.938，大于信度基础值0.7，达到信度的可接受水平。

本章用结构方程软件AMOS对本书收集到的有效问卷进行有意识的

行为的验证性因子检验。验证模型0，数据表明：χ^2是32.812，df是21，X^2/df是1.562，符合小于最高可接受水平2.5的要求；GFI是0.942，符合大于可接受水平0.9的要求；IFI是0.932，符合大于可接受水平0.9的要求；NFI是0.947，符合大于可接受水平0.9的要求；RFI是0.942，符合大于最低可接受水平0.8的要求；CFI是0.953，符合大于可接受水平0.9的要求；并且，RMSEA指标值结果也比较理想，RMSEA值为0.072，符合小于最高可接受水平0.08的要求。可见，此次验证的指标中，χ^2/df、GFI、IFI、RFI、NFI、CFI、RMSEA全部达到了理想要求。各模型具体拟合指标值如表3-11所示。单因子模型得到了验证，并且内心体验的非响应验证性因子结构图如图3-11所示。

表3-11　　有意识的行为验证性因子分析拟合指数表

指标	χ^2	df	χ^2/df	P	GFI	NFI	RFI	CFI	RMSEA
Model0	32.812	21	1.562	0	0.942	0.947	0.942	0.953	0.072

注：各指标值均在0.001水平上显著。

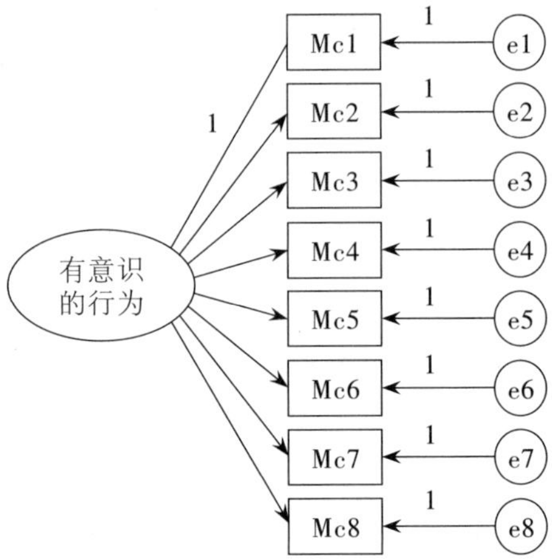

图3-11　有意识的行为因子结构图

（4）描述内心体验的信度与效度

参照Hammer，Kossek和Bodner（2013）测量量表信度的方法，本章也用α信度系数检验描述内心体验维度在中国情景下的信度。数据表明，描述内心体验原始维度量表检验的α值为0.946，大于信度基础值0.7，已经达到信度的可接受水平。

本章用结构方程软件AMOS对本书收集到的有效问卷进行描述内心体验的验证性因子检验。验证模型0，数据表明：χ^2为182.481，df为20，χ^2/df为9.124，不符合小于可接受水平2.5的要求；GFI是0.714，不符合大于可接受水平0.9的要求；IFI是0.571，不符合大于可接受水平0.9的要求；NFI是0.542，不符合大于可接受水平0.9的要求；RFI是0.359，不符合大于最低可接受水平0.8的要求；CFI是0.562，不符合大于可接受水平0.9的要求；RMSEA是0.279，不符合小于最高可接受水平0.08的要求。可见，此次验证的指标中，χ^2/df、GFI、IFI、RFI、NFI、CFI、RMSEA均未达到要求。

根据Estimates的结果提示，发现Md3、Md4、Md5的P值都不显著，三个题项分别为“我很难用语言描述我的想法”“我很难想到准确的词汇，表达出我的感受”“当我有一些想法时，由于找不到正确的词汇而很难描述它”，P值分别为0.308、0.01、0.067，因此，本书首先要做的是删除不显著指标的路径。删除Md3，得到模型1拟合结果，其中，χ^2为68.114，df为14，χ^2/df为4.865，不符合小于可接受水平2.5的要求；GFI是0.863，不符合大于可接受水平0.9的要求；IFI是0.799，不符合大于可接受水平0.9的要求；NFI是0.759，不符合大于可接受水平0.9的要求；RFI是0.639，不符合大于最低可接受水平0.8的要求；CFI是0.793，不符合大于最低可接受水平0.9的要求；RMSEA是0.193，不符合小于最高可接受水平0.08的要求。可见，此次验证的指标中，χ^2/df、GFI、IFI、RFI、NFI、CFI、RMSEA仍然均未达到要求。

根据Estimates的结果提示，发现Md4、Md5的P值仍然不显著，因此，本书其次要做的还是删除不显著指标的路径。由于Md5的P值要大于Md4的P值，删除Md5，得到模型2拟合结果，其中，χ^2为15.934，df为9，χ^2/df为1.77，符合小于可接受水平2.5的要求；GFI是0.951，符合大于可接受水平0.9的要求；IFI是0.968，符合大于可接受水平0.9的要求；NFI是0.93，符合大于可接受水平0.9的要求；RFI是0.884，符合大于最低可接受水平0.8的要求；CFI是0.967，符合大于可接受水平0.9的要求；RMSEA是0.086，不符合小于最高可接受水平0.08的要求。

可见，此次验证的指标中，χ^2/df、GFI、IFI、RFI、NFI、CFI指标都已达到理想水平，但是，RMSEA仍然未达到要求。

根据Estimates的结果提示，发现Md4的P值仍然不显著，P值为0.023，因此，本书再次要做的还是删除不显著指标的路径，删除Md4，得到模型3拟合结果，其中，χ^2为11.22，df为5，χ^2/df为2.244，符合小于可接受水平2.5的要求；GFI是0.957，符合大于可接受水平0.9的要求；IFI是0.971，符合大于可接受水平0.9的要求；NFI是0.949，符合大于可接受水平0.9的要求；RFI是0.897，符合大于最低可接受水平0.8的要求；CFI是0.97，符合大于可接受水平0.9的要求；RMSEA是0.08，不符合小于最高可接受水平0.08的要求。可见，此次验证的指标中，χ^2/df、GFI、IFI、RFI、NFI、CFI指标均已达到理想水平，仅RMSEA指标不理想。各项具体拟合指标数值如表3-12所示。

因而，描述内心体验维度中的有效题项剔除掉Md3、Md4、Md5，单因子模型得到了验证，并且描述内心体验验证性因子结构图如图3-12所示。

表3-12　　**描述内心体验的验证性因子分析拟合指数表**

指标	χ^2	df	χ^2/df	P	GFI	NFI	RFI	CFI	RMSEA
Model0	182.481	20	9.124	0	0.714	0.542	0.359	0.562	0.279
Model1	68.114	14	4.865	0	0.863	0.759	0.639	0.793	0.193
Mode2	15.934	9	1.77	0	0.951	0.930	0.884	0.967	0.086
Mode3	11.22	5	2.244	0	0.957	0.949	0.897	0.97	0.08

注：Model0中除Md3、Md4、Md5，其他各指标值均在0.001水平上显著；Model1中除Md4、Md5，其他各指标值均在0.001水平上显著；Model2、Model3、Model4的所有指标值均在0.001水平上显著。

（5）内心体验的非判断的信度与效度

参照Hammer，Kossek和Bodner测量量表信度的方法，本章也用α信度系数检验内心体验的非判断维度在中国情景下的信度。数据表明，内心体验的非判断原始维度量表检验的α值为0.853，大于信度基础值0.7，达到信度的可接受水平。

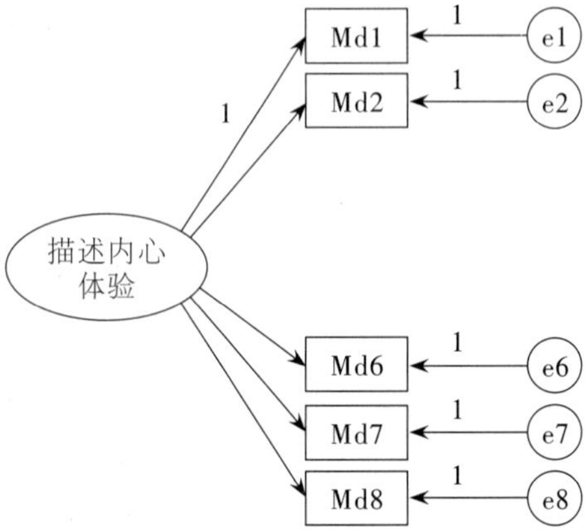

图3-12　描述内心体验因子结构图

本章用结构方程软件AMOS对本书收集到的有效问卷进行内心体验的非判断的验证性因子检验。验证模型0，数据表明：χ^2是45.597，df是20，χ^2/df是2.28，符合小于可接受水平2.5的要求；GFI是0.912，符合大于可接受水平0.9的要求；IFI是0.923，符合大于可接受水平0.9的要求；NFI是0.87，不符合大于可接受水平0.9的要求；RFI是0.818，符合大于最低可接受水平0.8的要求；CFI是0.921，符合大于可接受水平0.9的要求；RMSEA是0.111，不符合小于最高可接受水平0.08的要求。可见，此次验证的指标中，χ^2/df、GFI、IFI、RFI、CFI指标达到要求，但是，NFI、RMSEA未达到要求。

根据MI修正指数的提示，残差e2与e5相关（e2和e5对应题项分别为Me2和Me5），两者题项分别为“我告诉自己，我不应该注重现在的感受”和“我告诉自己，我不应该评价我自己现在的思考方式”，两者内容表述相似，都是个人对自我判断的非感受，具有一定的相关性。所以，同意它们的残差相关。因而，连接它们的路径，得到模型1，并对它验证，数据表明，χ^2是28.725，df是19，χ^2/df是1.512，符合小于可接受水平2.5的要求；GFI是0.943，符合大于可接受水平0.9的要求；IFI是0.971，符合大于可接受水平0.9的要求；NFI是0.918，符合大于可接受水平0.9的要求；RFI是0.879，符合大于可接受水平0.8的要求；CFI是0.97，符合大于可接受水平0.9的要求，RMSEA是0.07，符合小于最高可接受水平0.08的要求，可见，此次验证的指标中，χ^2/df、GFI、

IFI、RFI、NFI、CFI、RMSEA全部达到理想要求。各项具体拟合指标数值如表3-13所示。因而，内心体验的非判断维度单因子模型得到了验证，内描述内心体验的非判断验证性因子结构图如图3-13所示。

表3-13　　内心体验的非判断因子分析拟合指数表

指标	χ^2	df	χ^2/df	P	GFI	NFI	RFI	CFI	RMSEA
Model0	45.597	20	2.280	0	0.912	0.87	0.818	0.921	0.111
Model1	28.725	19	1.512	0	0.943	0.918	0.879	0.97	0.07

注：各指标值均在0.001水平上显著。

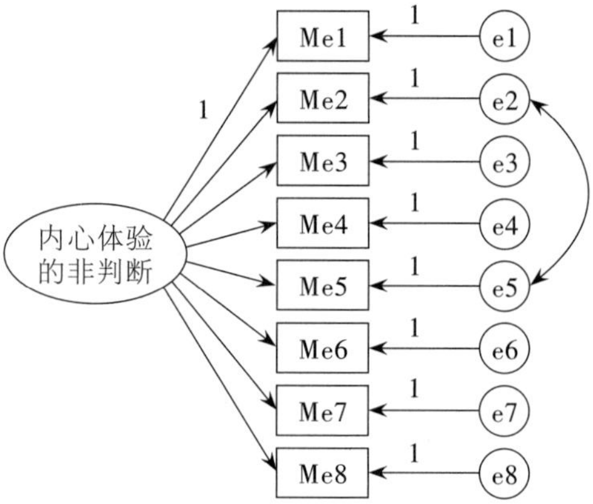

图3-13　内心体验的非判断验证性因子结构图

3.5　本章小结

本章基于全部156份有效样本，分别对工作弹性意愿量表、家庭弹性意愿量表、工作弹性能力量表、家庭弹性能力量表、工作繁荣量表、家庭繁荣量表、工作对家庭增益量表、家庭对工作增益量表以及正念量表的因子结构进行了检验。结果显示，工作弹性意愿量表、家庭弹性意愿量表、工作弹性能力量表以及家庭弹性能力量表的单因子结构，工作繁荣量表（包含学习与活力两个维度）以及家庭繁荣量表（包含学习与活力两个维度）的双因子结构，工作对家庭增益量表（包含工作对家庭发展、工作对家庭情感、工作对家庭资本三个维度）与家庭对工作增益量表（包含家庭对工作发展、家庭对工作情感、家庭对工作效率三个维度）的三因子结构，以及正念量表（包含内心体验的非响应、留心、有意识的行为、描述内心体验、内心体验的非判断五个维度）的五因子结构都得到验证，但是某些量表的题项数目与题项间关系进行了部分调整的。

4 边界弹性意愿与边界弹性能力匹配对员工个体繁荣影响的直接效应

由于测量企业员工的个人与组织交界面的边界弹性变量与个体繁荣变量，以及工作与家庭交界面的工作-家庭增益变量，都需要借助企业员工详细的个人简历信息、工作信息与生活信息，而我国不同类型企业性质存在差异化组织特征，不同地区的企业也存在差异化个体特征，因此本次选取国有企业、股份制企业、民营企业等性质企业53家，企业地理位置涉及我国东、中、西部三大经济区。由于本次测量的变量要求员工均应存在工作-家庭关系运动，因此本书对预调研研究样本采取如下处理：由于调查问卷的背景信息采集了待测员工样本的婚龄，因此，本书筛选出“婚龄”大于“0年”选项的员工，经过此轮筛选后剩余643份问卷。继续筛选信息不全面问卷，最终剩余有效问卷607份。

本次正式调研是以2016年11月至2017年1月期间辽宁、黑龙江、北京、深圳、新疆、山西、河北等10个省市53家企业（企业性质涉及国有企业、私人企业、股份制企业等）中的900名员工作为调查对象。调查问卷采取邮寄回收方式收集。共发放问卷900份，回收708份（回收率为78.7%），其中，有效问卷607份（有效率为67.4%）。在607份有效问卷中：男性占42.1%，女性占57.9%；在年龄方面，26岁以下的占16.2%，26~30岁的占28.1%，31~35岁的占24.7%，36~40岁的占17.4%，41~45岁的占6.3%，46~50岁的占4.2%，50岁以上的占3.1%；在文化程度方面，本科占51.4%，研究生占14.1%，博士占0.05%，其他学历占34.45%；在婚龄方面，未婚的占6%，婚龄0~5年的占33%，婚龄6~10年的占31%，婚龄11~15年的占19%，婚龄16~20年的占7%，20年以上的占4%；在工作年限方面，1~5年的占36%，6~10年的占27.8%，11~15年的占18.7%，16~20年的占11%，20年以上的占6.5%；在所属企业性质方面，国有企业的占43%，私人企业的占12%，股份制企业的占45%；在配偶单位性质方面，国有企业的占37%，私人企业的占19%，股份制企业的占36%，其他性质（含未就业）的占8%。本书的数据获得是以发放纸质问卷的形式，打印出来并且邮寄给同导师门内已工作且任管理岗的同学，由他们发放给同事或者下属，小部分由博士导师当面交给参加毕业答辩的MBA及EMBA学生予以发放给下属，剩余部分由博士导师的即将毕业参加工作的硕士学生发放给同事，三方填写完毕之后分别寄回，作者再进行数据的录入及整理，最终回收得到607份正式有效问卷。

正式调研的测量工具是基于预调研中量表修正后的结果。并且，均采用李克特5点计分，从1（非常不同意）至5（非常同意）。具体而言：（1）边界弹性的测量。由于边界弹性包括边界弹性意愿与边界弹性能力，其中，边界弹性意愿包含工作弹性意愿和家庭弹性意愿，边界弹性能力包含工作弹性能力和家庭弹性能力，因而，本书对边界弹性的测量分工作弹性匹配与家庭弹性匹配两部分进行。具体而言，工作弹性匹配的测量包括工作弹性意愿与工作弹性能力匹配的测量，一致性匹配研究采用学者通常使用的差值法，匹配值采用工作弹性意愿与工作弹性能力的差值绝对值的形式，家庭弹性匹配的测量包括家庭弹性意愿与家庭弹性能力匹配的测量，匹配值采用家庭弹性意愿与家庭弹性能力的差值绝对值的形式，边界弹性量表的所有题项均来自MBF（Measuring Boundary Flexibility）量表。该量表由Matthews和Barnes-Farrell（2010）

开发，并被证明具有较好的信度与效度，被国外学者广泛使用。但是，基于中国情境研究需要，预调研结果对原始量表的题项进行了删减。工作弹性意愿量表删掉3个反向题项，剩余包含4个题项（如“我愿意延长午休时间，这样我就可以处理与我的家庭和个人生活有关的事务”等），家庭弹性意愿删除1个反向题项，剩余包含5个题项（如“为了完成我的工作任务，我愿意改变与我朋友和家人的计划”等），工作弹性能力保留全部4个题项（如“为了家人和履行个人生活义务，我能够从工作中脱身和离开”等），家庭弹性能力删除1个反向题项，剩余包含5个题项（如“如果工作需要，我可以工作到很晚，并且不会影响我的家庭和个人的义务”等）。（2）个体繁荣的测量。个体繁荣包含工作繁荣与家庭繁荣两部分。其中，工作繁荣测量题项来自Porath等（2012）开发的量表，并被证明具有较好的信度与效度，被国外学者广泛使用。家庭繁荣，由于国内外均缺乏成熟量表，本书依据工作-家庭域研究者Greenhaus等（2012）基于工作身份显著性量表来确定家庭身份显著性量表的做法，在已有工作繁荣量表的基础上进行家庭繁荣量表的开发设计。并且，基于中国情境研究需要，预调研对两个量表的题项都进行了检验。工作繁荣量表删掉2个反向题项，剩余包含8个题项，（如“在工作中，我会去主动学习、了解一些东西”等），家庭繁荣保留全部10个题项（如“在家庭中，我会去主动学习、了解一些东西”等）。（3）工作-家庭增益的测量。工作-家庭增益包含工作对家庭增益与家庭对工作增益两部分。其中，工作对家庭增益包括发展、情感和资本三个维度，家庭对工作增益包括发展、情感和效率三个维度。工作-家庭增益测量题项全部来自Carlson等人（2006）开发的量表，并被证明具有良好的信度和效度，被国外学者广泛使用。但是，基于中国情境研究需要，预调研对量表的题项进行了检验，工作对家庭增益保留全部9个题项，家庭对工作增益保留全部9个题项。（4）正念的测量。正念包含内心体验的非响应、留心、有意识的行为、描述内心体验、内心体验的非判断五部分。正念测量题项全部来自Hammer和Kossek（2013）开发的量表，并被证明具有良好的信度和效度，被国外学者广泛使用。但是，基于中国情境研究需要，预调研对量表的题项进行了检验，内心体验的非响应保留全部7个题项（如“我能意识到我的感觉和情感，但可以不予理会”等），留心保留全部8个题项（如“当我走在路上，我能意识到我的身体在移动”等），有意识的行为保留全部8个题项（如“对于目前发生的事物，我不太关注”等），描述内心体验删掉3个题项，保留5个题项（如“我善于运用词汇来描述我的感受”等），内心体验的非判断保留全部8个题项（如“当我有不合理的或者不好的情绪时，我会批评我自己”等）。

由于正式调研的量表都是由同一层次的企业员工作为被试样本进行填写，有可能出现同源偏差。因而，本书使用Harman单一因素分析法，用探索性因子分析对全部正式量表的所有题项进行检验。最后证明，要想揭示变量的变异最少需6个因子，它们共同解释了62.753%的总变异量，其中，第一主成分因子解释了所有测量题项的13.657%的变异，这说明，正式调研数据当中没有哪一个单一因子能够解释绝大部分的变异，由此可知，正式数据的同源方差问题并不严重。

本章是在第3章有关前因变量边界弹性与结果变量个体繁荣的验证性因子分析基础之上，探讨了它们的直接影响效应。由于边界弹性包括边界弹性意愿与边界弹性能力，其中，前者又包含工作弹性意愿和家庭弹性意愿，后者又包含工作弹性能力和家庭弹性能力，因而，本书对边界弹性的测量分工作弹性意愿与能力的匹配与家庭弹性意愿与能力的匹配两个方向进行。并且，边界弹性的这两个方向由于受到工作域和家庭域边界的渗透性等原因的影响，一方的实现不能代表另一方的必然实现（Matthews，Barnes-Farrell，Bulger，2010）。由于个体繁荣包括工作繁荣和家庭繁荣两个方向的内容，并且，这两个方向的内容由于个体放在工作的时间越来越多，就会忽略掉家庭生活等原因，一个方向的实现不能代表另一个方向的必然实现（Siu，Cheung，Lui，2014），因而，本书在探讨边界弹性匹配对员工个体繁荣直接效应时，也将分为工作弹性意愿与工作弹性能力的匹配对员工家庭繁荣的直接效应和家庭弹性意愿与家庭弹性能力的匹配对员工工作繁荣的直接效应分别予以分析。除此之外，为了进一步探讨工作弹性匹配对员工家庭繁荣与家庭弹性匹配对员工工作繁荣两个方向影响程度“孰大孰小”，本章还将把工作弹性匹配对员工家庭繁荣的影响与家庭弹性匹配对员工工作繁荣的影响置于一个模型内进行探索，通过结构方程分析对两方面影响的标准化路径系数进行对比。即，构建工作弹性意愿与工做弹性能力的匹配对员工家庭繁荣和家庭弹性意愿与家庭弹性能力的匹配对员工工作繁荣的直接效应对比全模型，以此综合探讨边界弹性意愿与边界弹性能力的匹配对员工个体繁荣直接影响效应的对比。特别需要强调的是，本章的实证性结构方程探索所涉及的拟合指标与第3章的验证性因子分析涉及的拟合指标相同，采用的绝对适配度指标仍然是三项：选取χ^2/df，代表卡方自由度比来进行模型拟合程度的判断。该值的可接受范围是小于2.5；选取RMSEA，代表渐进残差的均方与平方根，该值的可接受范围是小于0.08；选取GFI，代表良性适配指标GFI，这个指标值如果介于0～1之间，一般会认为在0.9以上模型较为理想，但在0.8～0.9之间也是可以接受的。对于相对适配度指标的应用有四项：IFI值、NFI值、RFI值和CFI值，它们的数值都应该介于0～1间，并且，IFI值、NFI值、CFI值的数据适配标准均应在0.9以上，RFI值的数据适配标准应在0.8以上。

4.1 工作弹性意愿与工作弹性能力的匹配对员工家庭繁荣影响的直接效应

4.1.1 理论基础与关系脉络

自我决定理论的提出架构了个体繁荣在工作-家庭界面的桥梁。自我决定理论认为，个体有一系列基本的心理需求，包括胜任、自由和关系，一旦这些需求被满足，个体就会经历更好的个人成长、自我发展，并且充满活力（Warner & Hausdorf，2009）。换言之，有学者认为，一旦这些心理需求被满足就会带来个体心理幸福。而个体繁荣即是指兼具学习和活力的心理状态，因而，可以认为，一旦上述心理需求被满足，个体就有可能实现更高水平上的个体繁荣。这也就是自我实现理论在员工个体繁荣上的应用会带来积极、螺旋上升的溢出效应。现有文献对于个体繁荣的溢出效应研究，主要是从工作域到家庭域的繁荣溢出。Crain 和 Hammer（2013）提出的溢出交互模型，就探讨了在相同社会环境下，个人在一个领域的积极体验可以分享给其他领域的成员。这一模型用于个体繁荣发现，个人在工作领域的正能量和学习体验同样可以蔓延到家庭领域，从而使家庭领域也达到繁荣；相对应地，在家庭生活中充满活力，感到繁荣的个人，在工作中同样活力四射。可以认为，工作繁荣和家庭繁荣相互影响，共同促进（Carmeli & Spreitzer，2011）。值得注意的是，尽管两个领域的繁荣可能存在相互溢出，但因为个人生活的不同，每个领域的繁荣体验也不尽相同。而且，由于个人所处的环境不同，个人的工作繁荣和家庭繁荣也具有不同的水平。因此也有学者给出了与上述结论相悖的研究结果，即当个人繁荣体现在了工作领域，可能会使其他领域被忽略，可能导致工作-家庭冲突（Halbesleben et al.，2009）。但是，不可否认，产生溢出效应的自我决定理论为个体繁荣在员工的工作-家庭界面探讨提供了有力支持。

通过自我决定理论，边界弹性匹配与个体繁荣共置于工作-家庭界面之中。虽然现有文献并未提及员工工作-家庭界面的边界弹性与个体繁荣的直接关系，但是，边界弹性与个体繁荣之间的关系在工作-家庭交界面具有积极影响效应是毋庸置疑的。因此，现有研究尚未涉及有关边界弹性匹配对员工个体繁荣影响的探讨，而本书将对此问题进行尝试。进一步地，根据前文边界弹性意愿与边界弹性能力的定义，边界弹性意愿即可理解为能够在工作域与家庭域之间进行自由转换的特殊心理需求，这类心理需求与自我决定理论中的“自由”心理需求类似；相对应地，边界弹性能力即可理解为个体能够实现上述特殊心理需求的能力。因此，当边界弹性意愿与边界弹性能力匹配时，域间转换得到实现，并且个体这种能够自由扩大或缩小某领域边界的需求即得到了满足，根据自我决定理论，个体自由扩大或缩小某领域边界的能力会随之显现，此时将通过溢出效应带来更高水平上的个体繁荣。具体表现为：工作弹性匹配（工作弹性意愿和工作弹性能力）与员工工作对家庭的繁荣呈正相关性，家庭弹性匹配（家庭弹性意愿和家庭弹性能力）与家庭对工作的繁荣呈正相关性。

所以，本章提出以下三个假设H1、H2、H3（含H3a、H3b）。

4.1.2 概念模型与研究假设

本章先提出如下内容及假设：

工作弹性意愿与工作弹性能力的匹配对家庭繁荣的影响研究。本书认为，工作弹性意愿与工作弹性能力匹配意味着个体拥有足够的能力和自由从工作域转向家庭域，以满足其家庭域的需求，进而促使个体在家庭域中具有学习和活力的心理体验，即实现了家庭繁荣。

据此，本章提出：

H1：工作弹性意愿与工作弹性能力的匹配对家庭繁荣具有显著的正向影响。

进一步地，构建工作弹性意愿与工作弹性能力的匹配对家庭繁荣直接影响效应的假设模型，见图4-1。

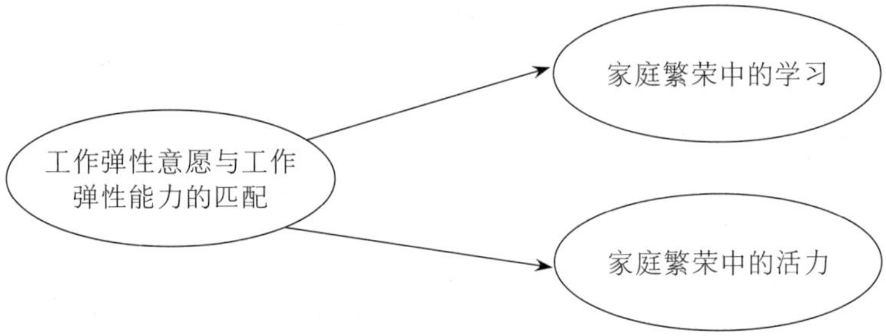

图4-1 工作弹性意愿与工作弹性能力匹配对员工家庭繁荣直接影响效应假设模型

4.1.3 量表选择与研究方法

本章对工作弹性意愿与工作弹性能力的匹配的测量采用的是Matthews和Barnes-Farrell于2010年开发的，经过本书预调研修正后的，由含有4题项的工作弹性意愿、含有4题项的工作弹性能力组成的量表。而且，工作弹性意愿与工作弹性能力的一致性匹配研究采用学者通常使用的差值法，匹配值采用工作弹性意愿与工作弹性能力的差值绝对值的形式。具体来说，基于正式测试中工作弹性意愿量表与工作弹性能力量表都分别包含4个题项，因而，可以采用差值绝对值的形式处理。经检验，工作弹性意愿量表Cronbach’s Alpha值为0.618，由于本书边界弹性量表包含四个子量表，且边界弹性量表相关题项的理论含义较强，被试者理解难度相对较大，所以，此次大样本数据统计信度值在0.6~0.7之间可以接受，工作弹性能力量表Cronbach's Alpha值为0.843，信度很好，运用李克特的5点量法，从1至5打分，最小数字代表完全不同意，最大数字代表非常同意。本章对家庭繁荣变量测量是采用Porath、Spreitzer和Gibson于2012年编制的，经过预调研修正后的，个体繁荣量表中的含有10个题项的家庭繁荣子量表，它的Cronbach's Alpha值是0.946，信度很好，分为含有5个题项的学习与含有5个题项的活力两个维度，学习维度和活力维度的Cronbach's Alpha值分别为0.918与0.914，信度较好。本子量表同样运用李克特的5点量法，从1至5打分，最小数字代表完全不同意，最大数字代表非常同意。

因此，在第3章有关工作弹性意愿、工作弹性能力、家庭繁荣三者的验证性因子分析基础之上，本章运用AMOS22.0统计软件，针对正式回收的607份有效问卷，分析工作弹性意愿与工作弹性能力的匹配对家庭繁荣的直接影响效应。

4.1.4 结构方程分析

此部分重点讨论工作弹性意愿与工作弹性能力的匹配对员工家庭繁荣两个维度——“家庭繁荣中的学习”与“家庭繁荣中的活力”——的直接影响效应。

如表4-1所示，工作弹性意愿与工作弹性能力的匹配对员工家庭繁荣直接影响效应结构方程模型中，数据表明，初始模型0中的各项指数都比较理想。χ^2是48.691，df是21，χ^2/df是2.319，符合小于可接受水平2.5的要求；GFI是0.961，符合大于可接受水平0.9的要求；IFI是0.972，符合大于可接受水平0.9的要求；NFI是0.923，符合大于可接受水平0.9的要求；RFI是0.922，符合大于可接受水平0.8的要求；CFI是0.934，符合大于可接受水平0.9的要求；RMSEA是0.054，符合小于最高可接受值0.08的要求。所以，工作弹性意愿与工作弹性能力的匹配对员工家庭繁荣直接影响效应成立。

表4-1　　**工作弹性意愿与工作弹性能力的匹配对员工家庭繁荣直接影响效应拟合指数表**

指标	χ^2	df	χ^2 df	P	GFI	NFI	RFI	CFI	RMSEA
Model0	48.691	21	2.319	0	0.961	0.923	0.922	0.934	0.054

注：各指标值都在0.001水平上显著。

继而，如表4-2所示，列示了工作弹性意愿与工作弹性能力的匹配对员工家庭繁荣直接影响关系的具体数值。整体上，工作弹性意愿与工作弹性能力的匹配对员工家庭繁荣两个维度——家庭繁荣中的学习与家庭繁荣中的活力——的直接影响都显著。具体来看，工作弹性意愿与工作弹性能力的匹配对家庭繁荣中的学习维度的标准化路径系数是0.541，工作弹性意愿与工作弹性能力的匹配对家庭繁荣中的活力维度的标准化路径系数是0.505，且都在0.001水平上显著。由此可知，在工作弹性意愿与工作弹性能力的匹配对员工家庭繁荣两个维度的直接影响中，工作弹性意愿与工作弹性能力的匹配对家庭繁荣中的学习维度的影响程度大于家庭繁荣中的活力维度的影响。最终，如图4-2所示，形成了工作弹性意愿与工作弹性能力的匹配与员工家庭繁荣直接影响效应模型。

表4-2　　**工作弹性意愿与工作弹性能力的匹配对员工家庭繁荣直接影响关系的具体数值**

路径	变量间关系	标准化路径系数	非标准化路径系数	标准误	CR值	P
1	工作弹性意愿与工作弹性能力的匹配→家庭繁荣中的学习	0.541	0.611	0.081	5.459	***
2	工作弹性意愿与工作弹性能力的匹配→家庭繁荣中的活力	0.505	0.607	0.074	5.080	***

注：***表示P值小于0.001。

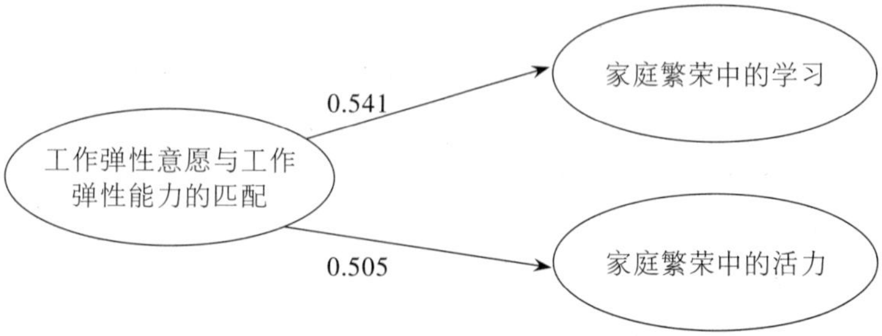

图4-2　工作弹性意愿与工作弹性能力匹配对员工家庭繁荣直接影响效应模型

根据得到的路径系数可知，工作弹性意愿与工作弹性能力的匹配对员工家庭繁荣的两个维度均有正向的显著性影响，即工作弹性意愿与工作弹性能力的匹配对家庭繁荣中的学习具有显著正向影响、工作弹性意愿与工作弹性能力的匹配对家庭繁荣中的活力也具有显著正向影响。由此，验证得到假设H1：工作弹性意愿与工作弹性能力的匹配对家庭繁荣具有显著正向影响成立。

4.2　家庭弹性意愿与家庭弹性能力的匹配对员工工作繁荣影响的直接效应

4.2.1　概念模型与研究假设

本章再提出如下内容：

家庭弹性意愿与家庭弹性能力的匹配对工作繁荣的直接影响研究。因为由前文的理论基础与关系脉络可知，家庭弹性意愿与家庭弹性能力匹配意味着个体拥有足够的能力和自由从家庭域转向工作域，以满足其工作域的需求，进而促使个体在工作域中具有学习和活力的心理体验，也就实现了工作繁荣。因此，本章再提出如下假设：

H2：家庭弹性意愿与家庭弹性能力的匹配对工作繁荣具有显著的正向影响。

进一步地，构建家庭弹性意愿与家庭弹性能力的匹配对工作繁荣直接影响效应的假设模型，见图4-3。

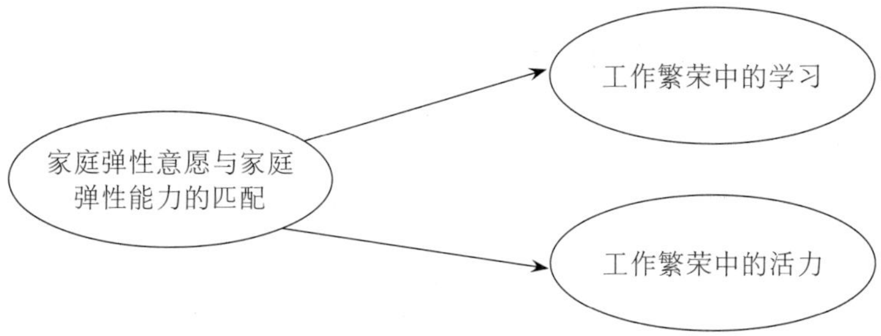

图4-3　家庭弹性意愿与家庭弹性能力匹配对员工工作繁荣直接影响效应假设模型

4.2.2　量表选择与研究方法

本章对家庭弹性意愿与家庭弹性能力的匹配的测量采用的是Matthews和Barnes-Farrell于2010年开发的，经过本书预调研修正后的，家庭弹性意愿包含5个题项、家庭弹性能力包含5个题项的量表。并且，家庭弹性意愿与家庭弹性能力的一致性匹配研究采用学者通常使用的差值法，匹配值采用家庭弹性意愿与家庭弹性能力的差值绝对值的形式，具体来说，基于正式测试中家庭弹性意愿量表与家庭弹性能力量表分别都包含5个题项，因而，可以采用差值绝对值的形式处理。经检验，家庭弹性意愿量表与家庭弹性能力量表的Cronbach's Alpha值分别是0.882和0.854，信度水平都比较好，运用李克特的5点量法，从1至5打分，最小数字代表完全不同意，最大数字代表非常同意。本章对工作繁荣变量测量是采用Porath、Spreitzer和Gibson于2012年编制的，经过预调研修正后的，个体繁荣量表中的含有8个题项的工作繁荣子量表，它的Cronbach's Alpha值是0.922，信度很好，分为含有4个题项的学习与含有4个题项的活力两个维度，学习维度和活力维度的Cronbach's Alpha值分别为0.879与0.889，信度较好。本子量表同样运用李克特的5点量法。

因此，在第3章有关家庭弹性意愿、家庭弹性能力、工作繁荣三者的验证性因子分析基础之上，本章运用AMOS22.0统计软件，针对正式回收的607份有效问卷，分析家庭弹性意愿与家庭弹性能力的匹配对工作繁荣的直接影响效应。

4.2.3 结构方程分析

此部分重点讨论家庭弹性意愿与家庭弹性能力的匹配对员工工作繁荣两个维度——“工作繁荣中的学习”与“工作繁荣中的活力”——的直接影响效应。

如表4-3所示，家庭弹性意愿与家庭弹性能力的匹配对员工工作繁荣直接影响效应结构方程模型中，数据表明，初始模型0中的各项指数都比较理想。χ^2是47.598，df是20，χ^2/df是2.38，符合小于可接受水平2.5的要求；GFI是0.952，符合大于可接受水平0.9的要求；IFI是0.933，符合大于可接受水平0.9的要求；NFI是0.942，符合大于可接受水平0.9的要求；RFI是0.934，符合大于可接受水平0.8的要求；CFI是0.943，符合大于可接受水平0.9的要求；RMSEA是0.046，符合小于最高可接受值0.08的要求。所以，家庭弹性意愿与家庭弹性能力的匹配对员工工作繁荣直接影响效应成立。

表4-3 **家庭弹性意愿与家庭弹性能力的匹配对员工工作繁荣直接影响效应拟合指数表**

指标	χ^2	df	χ^2/df	P	GFI	NFI	RFI	CFI	RMSEA
Model0	47.598	20	2.38	0	0.952	0.942	0.934	0.943	0.046

注：所有拟合指标值均在0.001水平上显著。

继而，见表4-4，列示了家庭弹性意愿与家庭弹性能力的匹配对员工工作繁荣直接影响关系的具体数值。整体上，家庭弹性意愿与家庭弹性能力的匹配对员工工作繁荣两个维度的直接影响都显著。具体来看，家庭弹性意愿与家庭弹性能力的匹配对工作繁荣中的学习维度的标准化路径系数是0.582，家庭弹性意愿与家庭弹性能力的匹配对工作繁荣中的活力维度的标准化路径系数是0.586，且都在0.001水平上显著。由此可知，在家庭弹性意愿与家庭弹性能力的匹配对员工工作繁荣两个维度的直接影响中，家庭弹性意愿与家庭弹性能力的匹配对工作繁荣中的学习维度的影响程度小于家庭繁荣中的活力维度的影响。这与前文验证的工作弹性意愿与工作弹性能力的匹配对家庭繁荣中的学习维度的影响程度大于家庭繁荣中的活力维度的影响不同。因此，本章形成了家庭弹性意愿与家庭弹性能力的匹配与员工工作繁荣直接影响效应模型（如图4-4所示）。

表4-4　家庭弹性意愿与家庭弹性能力的匹配对员工工作繁荣直接影响关系的具体数值

路径	变量间关系	标准化路径系数	非标准化路径系数	标准误	CR值	P
1	家庭弹性意愿与家庭弹性能力的匹配→工作繁荣中的学习	0.582	0.645	0.126	3.840	***
2	家庭弹性意愿与家庭弹性能力的匹配→工作繁荣中的活力	0.586	0.676	0.136	3.581	***

注：***表示P值小于0.001。

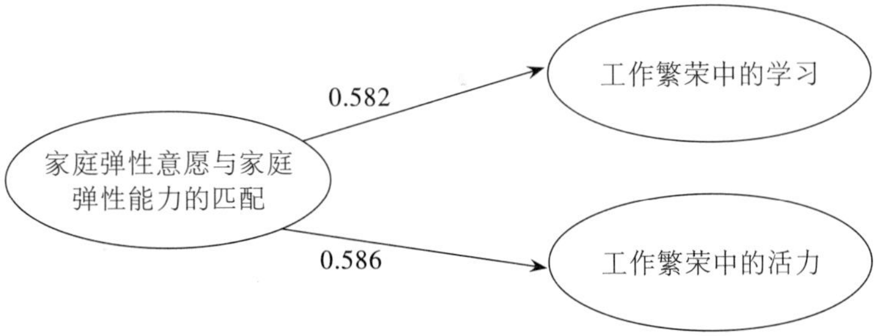

图4-4　家庭弹性意愿与家庭弹性能力匹配对员工工作繁荣直接影响效应模型

根据得到的路径系数可知，家庭弹性意愿与家庭弹性能力的匹配对员工工作繁荣的两个维度均有正向的显著性影响，即家庭弹性意愿与家庭弹性能力的匹配对工作繁荣中的学习具有显著正向影响、家庭弹性意愿与家庭弹性能力的匹配对工作繁荣中的活力也具有显著正向影响。由此，验证得到假设H2：家庭弹性意愿与家庭弹性能力的匹配对工作繁荣具有显著正向影响成立。

4.3 边界弹性意愿与边界弹性能力的匹配对员工个体繁荣直接影响效应的对比

4.3.1 概念模型与研究假设

经过检验，工作弹性意愿与工作弹性能力的匹配对家庭繁荣具有显著正向影响，而且，家庭弹性意愿与家庭弹性能力的匹配对工作繁荣也具有显著正向影响。进一步地，为了探究边界弹性意愿与边界弹性能力的匹配的两个方向（工作弹性意愿与工作弹性能力的匹配和家庭弹性意愿与家庭弹性能力的匹配）对员工个体繁荣两个方向（家庭繁荣和工作繁荣）之间的影响“谁强谁弱”，本章拟对比分析工作弹性意愿与工作弹性能力的匹配对家庭繁荣的直接影响效应和家庭弹性意愿与家庭弹性能力的匹配对工作繁荣的直接影响效应。据此，本章提出如下假设：

H3：边界弹性意愿与边界弹性能力的匹配对个体繁荣具有显著的正向交叉影响；

H3a：工作弹性意愿与工作弹性能力匹配对工作繁荣具有显著的正向影响；

H3b：家庭弹性意愿与家庭弹性能力匹配对家庭繁荣具有显著的正向影响。

进一步地，构建工作弹性意愿与工作弹性能力的匹配对家庭繁荣和家庭弹性意愿与家庭弹性能力的匹配对工作繁荣的直接影响效应对比的假设模型，见图4-5。

4.3.2 量表选择与研究方法

同样，本章有关边界弹性意愿与边界弹性能力的匹配变量的测量包含工作弹性意愿与工作弹性能力的匹配以及家庭弹性意愿与家庭弹性能力的匹配两部分。其中，对工作弹性意愿与工作弹性能力的匹配的测量量表与本章工作弹性意愿与工作弹性能力的匹配对员工家庭繁荣影响的

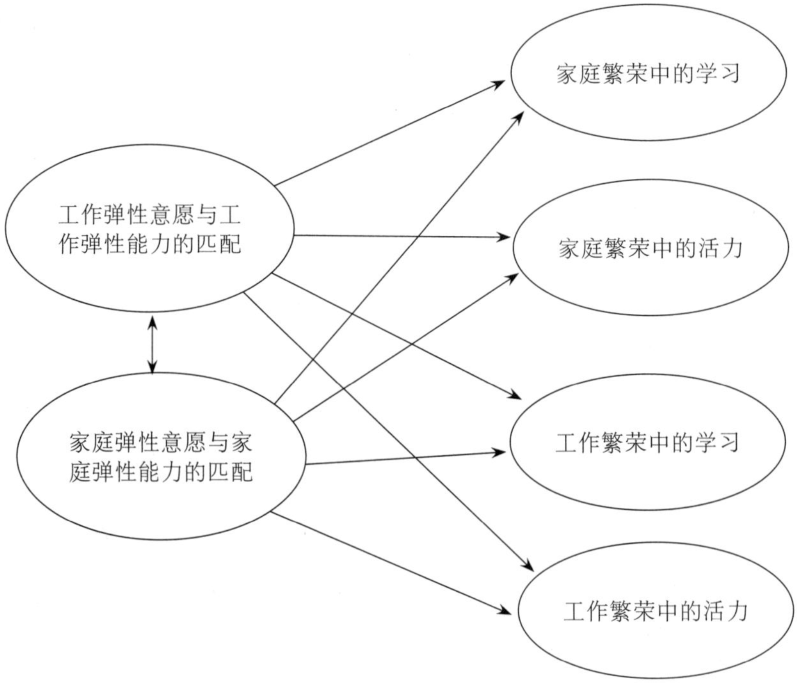

图4-5 边界弹性意愿与边界弹性能力的匹配对员工个体繁荣直接影响效应对比的概念模型

直接效应中使用的测量量表相同。在匹配的计算方法上，工作弹性意愿与工作弹性能力的一致性匹配研究采用学者通常使用的差值法，匹配值采用工作弹性意愿与工作弹性能力的差值绝对值的形式，经检验，工作弹性意愿量表Cronbach's Alpha值为0.618，由于本书边界弹性量表包含四个子量表，且边界弹性量表相关题项的理论含义较强，被试者理解难度相对较大，所以，此次大样本数据统计信度值在0.6~0.7之间可以接受，工作弹性能力量表Cronbach's Alpha值为0.843，信度很好，运用李克特的5点量法，从1至5打分，最小数字代表完全不同意，最大数字代表非常同意。

本章对家庭弹性意愿与家庭弹性能力的匹配的测量量表与本章家庭弹性意愿与家庭弹性能力的匹配对员工工作繁荣影响的直接效应中使用的测量量表相同。

同样，本章有关个体繁荣的测量包含家庭繁荣与工作繁荣两部分。

其中，对家庭繁荣变量的测量采用Porath、Spreitzer和Gibson于2012年编制的，经过本书预调研修正后的，个体繁荣量表中含有10个题项的家庭繁荣子量表，它的Cronbach's Alpha值是0.946。其中，学习维度含有5个题项，活力维度含有5个题项，Cronbach's Alpha值分别是0.918与0.914，信度较好。运用李克特的5点量法，从1至5打分，最小数字代表完全不同意，最大数字代表非常同意。

本章对工作繁荣变量测量采用的是Porath、Spreitzer和Gibson于2012年编制的，经过本书预调研修正后的，个体繁荣量表中含有8个题项的工作繁荣子量表，它的Cronbach's Alpha值是0.922。其中，学习维度含有4个题项，活力维度含有4个题项，Cronbach's Alpha值分别是0.879与0.889，信度较好。运用李克特的5点量法，从1至5打分，最小数字代表完全不同意，最大数字代表非常同意。

因此，在第3章有关工作弹性意愿、工作弹性能力、家庭弹性意愿、家庭弹性能力、工作繁荣、家庭繁荣三者的验证性因子分析基础之上，本章运用AMOS22.0统计软件，针对正式回收的607份有效问卷，对比分析工作弹性意愿与工作弹性能力的匹配对员工家庭繁荣的直接影响效应以及家庭弹性意愿与家庭弹性能力的匹配对员工工作繁荣的直接影响效应。

4.3.3 结构方程分析

此部分重点讨论工作弹性意愿与工作弹性能力的匹配对员工家庭繁荣和对家庭弹性意愿与家庭弹性能力的匹配对员工工作繁荣的影响效应在同一个模型中的对比效应。

如表4-5所示，边界弹性意愿与边界弹性能力的匹配对员工个体繁荣直接对比效应的结构方程模型中，数据表明，初始模型0中的有些指数不太理想。χ^2是797.341，df是185，χ^2/df是4.31，不符合小于可接受水平2.5的要求；GFI是0.849，不符合大于最高可接受水平0.9的要求；IFI是0.917，符合大于最高可接受水平0.9的要求；NFI是0.782，不符合大于最高可接受水平0.9的要求；RFI是0.932，符合大于最高可接受水平0.8的要求；CFI是0.821，不符合大于最高可接受水平0.9的要求；RMSEA是0.087，不符合小于最高可接受值0.08的要求。因而，尽管IFI、RFI达到了理想水平，但是，χ^2/df、GFI、NFI、CFI、RMSEA都没有达到理想水平。

依据提示，e28和e30之间具有相关性（两者分别对应家庭繁荣中的学习和工作繁荣中的学习），如前所述，根据个体繁荣自我实现理论的溢出效应，员工个体繁荣是呈现螺旋上升式发展的，在工作弹性意愿与工作弹性能力的匹配对员工家庭繁荣产生积极影响的同时，也能实现员工工作繁荣。所以，同意它们的残差建立相关关系。因而，连接它们的路径，获得模型1并对它验证，数据表明所有拟合指标都符合了要求：χ^2是451.134，df是182，χ^2/df是2.479，符合小于可接受水平2.5的要求；GFI是0.92，符合大于可接受水平0.9的要求；IFI是0.942，符合大于可接受水平0.9的要求；NFI是0.987，符合大于可接受水平0.9的要求；RFI是0.813，符合大于可接受水平0.8的要求；CFI是0.944，符合大于可接受水平0.9的要求，RMSEA是0.056，符合小于最高可接受水平0.08的要求。因而，χ^2/df、GFI、IFI、NFI、RFI、CFI、RMSEA都达到理想水平。

表4-5　**边界弹性意愿与边界弹性能力的匹配对员工个体繁荣直接影响效应的对比的全模型拟合指数表**

指标	χ^2	df	χ^2/df	P	GFI	NFI	RFI	CFI	RMSEA
Model0	797.341	185	4.31	0	0.849	0.782	0.932	0.821	0.087
Model1	451.134	182	2.479	0	0.92	0.987	0.813	0.944	0.056

注：***表示P值小于0.001。

4.3.4　路径系数的对比

根据上文，本章得到了边界弹性意愿与边界弹性能力的匹配对员工个体繁荣直接影响效应全模型，即得到了工作弹性意愿与工作弹性能力的匹配对员工家庭繁荣直接影响效应两个维度，即家庭繁荣的学习和家庭繁荣的活力的具体影响结果，同时也得到了家庭弹性意愿与家庭弹性能力的匹配对员工工作繁荣两个维度，即工作繁荣的学习和工作繁荣的活力的具体影响结果。

依据表4-6分析结果，在边界弹性意愿与边界弹性能力的匹配对员工个体繁荣直接影响的全模型中，各标准化路径系数为：一是，工作弹性意愿与工作弹性能力的匹配方向中，工作弹性意愿与工作弹性能力的匹配对家庭繁荣中的学习影响路径的标准化路径系数为0.644，工作弹性意愿与工作弹性能力的匹配对家庭繁荣中的活力影响路径的标准化路径系数为0.601，工作弹性意愿与工作弹性能力的匹配对工作繁荣中的学习影响路径的标准化路径系数为-0.523，工作弹性意愿与工作弹性能力的匹配对工作繁荣中的活力影响路径的标准化路径系数为-0.574；二是，家庭弹性意愿与家庭弹性能力的匹配方向中，家庭弹性意愿与家庭弹性能力的匹配对工作繁荣中的学习影响路径的标准化路径系数为0.680，家庭弹性意愿与家庭弹性能力的匹配对工作繁荣中的活力影响路径的标准化路径系数为0.687，家庭弹性意愿与家庭弹性能力的匹配对家庭繁荣中的学习影响路径的标准化路径系数为-0.579，家庭弹性意愿与家庭弹性能力的匹配对家庭繁荣中的活力影响路径的标准化路径系数为-0.619。由工作弹性意愿与工作弹性能力的匹配对个体繁荣四维度影响路径的标准化路径系数与家庭弹性意愿与家庭弹性能力的匹配对个体繁荣四维度影响路径的标准化路径系数比较可知，整体而言，结论一为：家庭弹性意愿与家庭弹性能力的匹配对工作繁荣的影响要大于工作弹性意愿与工作弹性能力的匹配对家庭繁荣的影响，而且，家庭弹性意愿与家庭弹性能力的匹配对工作繁荣每个维度的影响也都大于工作弹性意愿与工作弹性能力的匹配对家庭繁荣每个维度的影响；结论二为：家庭弹性意愿与家庭弹性能力的匹配对工作繁荣存在正向影响，工作弹性意愿与工作弹性能力的匹配对家庭繁荣存在正向影响，家庭弹性意愿与家庭弹性能力的匹配对家庭繁荣存在负向影响，工作弹性意愿与工作弹性能力的匹配对工作繁荣存在负向影响。这一结论至今尚无相关文献辅证，是本书在将边界弹性构念与个体繁荣构念之间建立理论联系之后进行的实证论证。据此，假设H3a：工作弹性意愿与工作弹性能力匹配对工作繁荣具有显著的正向影响没有得到支持；假设H3b：家庭弹性意愿与家庭弹性能力匹配对家庭繁荣具有显著的正向影响没有得到支持；假设H3：边界弹性意愿与边界弹性能力的匹配对个体繁荣具有显著的正向交叉影响没有得到支持。因而，边界弹性意愿与边界弹性能力的匹配对员工个体繁荣影响的全模型标准化路径系数如图4-6所示。

表4-6　**边界弹性意愿与边界弹性能力的匹配对员工个体繁荣直接影响关系的数值**

路径	变量关系	标准化路径系数	非标准化路径系数	标准误	CR值	P
1	工作弹性意愿与工作弹性能力的匹配→家庭繁荣中的学习	0.644	0.739	0.165	4.804	***
2	工作弹性意愿与工作弹性能力的匹配→家庭繁荣中的活力	0.601	0.702	0.159	4.852	***
3	工作弹性意愿与工作弹性能力的匹配→工作繁荣中的学习	−0.523	−0.467	0.102	−3.12	***
4	工作弹性意愿与工作弹性能力的匹配→工作繁荣中的活力	−0.574	−0.431	0.124	−3.154	***
5	家庭弹性意愿与家庭弹性能力的匹配→工作繁荣中的学习	0.680	0.764	0.169	4.833	***
6	家庭弹性意愿与家庭弹性能力的匹配→工作繁荣中的活力	0.687	0.771	0.174	4.837	***
7	家庭弹性意愿与家庭弹性能力的匹配→家庭繁荣中的学习	−0.579	−0.465	0.129	−3.162	***
8	家庭弹性意愿与家庭弹性能力的匹配→家庭繁荣中的活力	−0.619	−0.516	0.161	−4.124	***

注：***表示P值小于0.001。

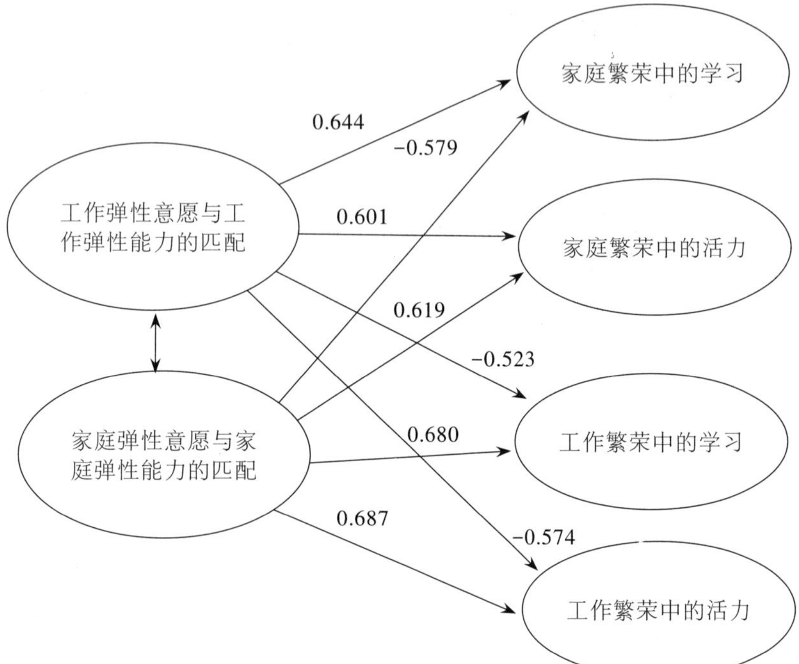

图 4-6 边界弹性意愿与边界弹性能力的匹配对员工个体繁荣直接影响效应全模型

4.4 结果讨论与本章小结

第一，工作弹性意愿与工作弹性能力的匹配对员工家庭繁荣具有显著正向影响。从本书的实证研究结果来看，工作弹性意愿与工作弹性能力的匹配对员工家庭繁荣的两个维度均具有显著的正向影响：工作弹性意愿与工作弹性能力的匹配对员工家庭繁荣中的学习具有显著的正向影响，其路径系数为0.541；工作弹性意愿与工作弹性能力的匹配对员工家庭繁荣中的活力具有显著的正向影响，其路径系数为0.505。这同时也说明，工作弹性意愿与工作弹性能力的匹配对员工家庭繁荣中学习的影响大于其对员工家庭繁荣中活力的影响。

第二，家庭弹性意愿与家庭弹性能力的匹配对员工工作繁荣具有显著正向影响。经由本章实证检验，家庭弹性意愿与家庭弹性能力的匹配对员工工作繁荣的两个维度都有显著正向影响：家庭弹性意愿与家庭弹性能力的匹配对员工工作繁荣中的学习有显著正向影响，路径系数是0.582；家庭弹性意愿与家庭弹性能力的匹配对员工工作繁荣中的活力有显著正向影响，路径系数是0.586。这同时也说明，家庭弹性意愿与家庭弹性能力的匹配对员工工作繁荣中活力的影响大于其对员工工作繁荣中学习的影响。

第三，家庭弹性意愿与家庭弹性能力的匹配对员工工作繁荣的影响大于工作弹性意愿与工作弹性能力的匹配对员工家庭繁荣的影响。对边界弹性意愿与边界弹性能力的匹配对个体繁荣影响的综合模型的实证结果进行分析，工作弹性意愿与工作弹性能力的匹配对员工家庭繁荣的两个维度和家庭弹性意愿与家庭弹性能力的匹配对员工工作繁荣的两个维度的影响依然显著。具体而言，工作弹性意愿与工作弹性能力的匹配对员工家庭繁荣中的学习具有显著的正向影响，路径系数为0.644；工作弹性意愿与工作弹性能力的匹配对员工家庭繁荣中的活力具有显著的正向影响，路径系数为0.601；家庭弹性意愿与家庭弹性能力的匹配对员工工作繁荣中的学习有显著正向影响，路径系数为0.680；家庭弹性意愿与家庭弹性能力的匹配对员工工作繁荣的活力有显著正向影响，路径系数为0.687。

第四，工作弹性意愿与工作弹性能力的匹配对员工家庭繁荣存在正向影响，对员工工作繁荣存在负向影响；家庭弹性意愿与家庭弹性能力的匹配对员工工作繁荣存在正向影响，对员工家庭繁荣存在负向影响。从本书的实证研究结果来看，工作弹性意愿与工作弹性能力的匹配对员工家庭繁荣中的学习具有显著的正向影响，路径系数是0.644，工作弹性意愿与工作弹性能力的匹配对员工家庭繁荣中的活力具有显著的正向影响，路径系数是0.601，工作弹性意愿与工作弹性能力的匹配对员工工作繁荣中的学习具有显著的负向影响，路径系数是-0.523，工作弹性意愿与工作弹性能力的匹配对员工工作繁荣中的活力具有显著的负向影响，路径系数为-0.574；家庭弹性意愿与家庭弹性能力的匹配对员工工作繁荣中的学习有显著正向影响，路径系数是0.680，家庭弹性意愿与家庭弹性能力的匹配对员工工作繁荣的活力具有显著正向影响，路径系数是0.687，家庭弹性意愿与家庭弹性能力的匹配对员工家庭繁荣中的学习有显著负向影响，路径系数是-0.579；家庭弹性意愿与家庭弹性能力的匹配对员工家庭繁荣的活力有显著负向影响，路径系数是-0.619。

综上，工作弹性意愿与工作弹性能力的匹配对员工家庭繁荣与家庭弹性意愿与家庭弹性能力的匹配对员工工作繁荣两个方向均具有显著的正向影响，且家庭弹性意愿与家庭弹性能力的匹配对员工工作繁荣的影响大于工作弹性意愿与工作弹性能力的匹配对员工家庭繁荣的影响。但是，工作弹性意愿与工作弹性能力的匹配对员工工作繁荣方向与家庭弹性意愿与家庭弹性能力的匹配对员工家庭繁荣方向均具有显著的负向影响。

5 工作-家庭增益对边界弹性意愿与边界弹性能力匹配和员工个体繁荣关系的中介效应

5.1 工作对家庭增益对工作弹性意愿与工作弹性能力匹配和员工家庭繁荣关系的中介效应

5.1.1 理论基础与关系脉络

边界弹性与工作-家庭增益的联系逻辑在于，员工的工作与家庭之间的关系主要是受到个人-环境两者的作用影响。对工作-家庭关系边界的关注更多的是立足于员工在工作和家庭间角色划分重构以及员工基于边界理论去寻找能够维护和跨越工作域与家庭域的方法。其中关键问题是，个人如何确定能够维护和跨越工作域和家庭域之间的路线，从而促进工作与家庭增益的产生。在这里，边界弹性理论就为这条路线的生成提供了非常好的角度，并且，将环境与个人放在一个框架内，为我们在党和政府日益重视的生态生活建设中提供了一个整合机制，以此来促进工作-家庭增益的发生。因此，个人-环境匹配理论就是基于这个整合机制，强化了影响员工个体行为的因素主要是个体与环境的交互作用（Kreiner et al.，2009）。对于边界弹性与工作-家庭增益联系的佐证，Bulger等（2007）对双职工家庭的定性研究发现，具有边界管理整合特点的个人偏好会不自觉地促进工作-家庭增益过程的提升。由于边界融合者相较边界分割者更善于将工作域和家庭域相连接，他们更有可能去体验增益的提升，因为他们能够无意识地将资源在工作与家庭两个领域间来回转移（Bulger et al.，2007）。相反，Krein等（2009）认为，更喜欢工作域和非工作域相互独立的个人很少在工作域和家庭域之间连续转换，从而需要做出更多努力和有更强的动机才能实现这一过程。边界管理学者们也注意到，人们从事的一系列策略——边界策略，支持他们工作-家庭边界偏好的形成。因此，先前的研究已经表明，融合者参与一系列能够增加积极溢出的策略，而分割者利用策略去减少两个领域间的积极溢出（Powell & Greenhaus，2010）。

工作-家庭增益与个体繁荣的联系逻辑在于，工作-家庭增益是个体繁荣的一种资源。具体来讲，第一步，Carmeli和Russo（2015）提出工作-家庭增益会促进个体繁荣的发展。因为，个体繁荣的首要促成因素是个人本身。当一个人在一定程度上参与工作时，很有可能实现繁荣，例如，“当他们积极地工作和意志坚定地工作时”。其中，影响个体繁荣的一些中介行为是由探索工作的新方法、发展与重要人物的密切关系以及更加关注工作组成的（Spreitzer，2013）。另外，个体繁荣的次要促成因素是嵌入个体的社会环境。当个体体验到社会环境的有利条件时，他们在一定程度上会茁壮成长。体验积极的人际关系会培育个体在支持型环境中工作的感知，从而激励个人成长。一个安全的组织环境，能够让个体成长、发展、尝试，并逐步加强其品质，这就相当于一位母亲为孩子提供了安全的环境一样。发展连贯的重要性是两个重要范式研究的核心，即Rogers（1957）的人格发展理论和Miller（1976）的文化相关理论。这表明，建设性的关系能够促进个人成长和人格提升。正是基于这个角度，个体繁荣社会嵌入理论指出了个人与环境间的交互作用能够影响员工行为。第二步，工作-家庭增益理论表明，协同工作和非工作的经历都可以让人获得宝贵的情感和实践资源，例如，新技能和观点的开发，人力资本和效率的增强。这种增益的经验使员工更加足智多谋（Ten Brummelhuis & Bakker，2013），从而更有能力应对生活的逆境和同时介入多个活动领域，进而，既能提升他们的活力，又能提高他们个体繁荣中的学习能力。个体繁荣在面对高水平工作-家庭增益时，很有可能会得到提升，因为个人的资源会越来越多，承担代理行为与进行有益于个人成长与自我发展的活动时的能力也会越来越强。因此，Carmeli和Russo（2015）指出，工作对家庭增益可以正向影响员工的家庭域，家庭对工作增益可以正向影响员工的工作域。

遗憾的是，虽然Russo，Shteigman和Carmeli（2016）将边界管理作为员工的工作-家庭增益与个体繁荣中的调节变量进行了验证，但是，有关工作-家庭增益在边界弹性意愿与边界弹性能力匹配与个体繁荣之间的中介作用迄今仍无相关实证探讨。综上，积极的工作-家庭关系变量，即工作-家庭增益是在边界弹性意愿与边界弹性能力匹配与个体繁荣之间产生作用的关键变量。

因而，本章提出如下三个假设H4、H5、H6。

5.1.2 概念模型与研究假设

本章先提出一个假设。

H4：工作弹性意愿与工作弹性能力的匹配会通过工作对家庭增益与家庭繁荣产生积极效应。

进一步地，构建相关中介效应的假设模型，如图5-1所示。

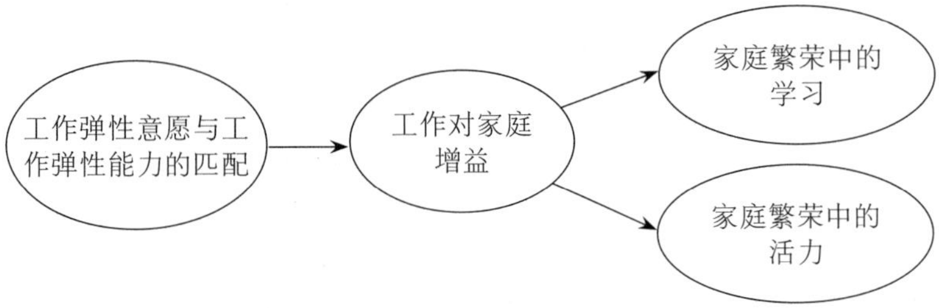

图5-1 工作对家庭增益在工作弹性意愿与工作弹性能力的匹配与员工家庭繁荣之间中介效应概念模型

5.1.3 量表选择与研究方法

（1）变量测量方法。本章对工作弹性意愿与工作弹性能力的匹配的测量、家庭繁荣变量的测量与第4章“边界弹性意愿与边界弹性能力匹配对员工个体繁荣影响的直接效应”中的测量方法一致。本章对工作对家庭增益变量测量是采用Carlson等人于2006年汇编，经过本书预调研修正后的，工作-家庭增益量表中的含有9个题项的工作对家庭增益子量表。它的Cronbach’s Alpha值是0.944，信度很好，分别含有3个题项的发展、含有3个题项的情感以及含有3个题项的资本等三个维度，这三个维度的Cronbach’s Alpha值依次是0.884、0.927与0.931，信度较好。本子量表同样运用李克特的5点量法。

（2）数据分析方法。在第3章有关工作弹性意愿、工作弹性能力、家庭繁荣、工作对家庭增益四者的验证性因子分析基础之上，尽管本章将家庭繁荣中的两个维度——家庭繁荣中的学习与家庭繁荣中的活力——作为独立变量引入接下来的中介效应分析，但是，没有将工作对家庭增益中的三个维度——发展、情感与资本——作为独立变量引入接下来的中介效应分析，而是把工作对家庭增益作为独立变量引入接下来的中介效应分析。这是因为，周路路，赵曙明和朱伟正（2010）以及林忠，孟德芳和鞠蕾（2015）的文献表明，工作对家庭增益三个维度彼此之间的相关性较高，因而，本章在探讨工作对家庭增益在工作弹性意愿与工作弹性能力的匹配与员工家庭繁荣之间的中介效应时，仅是把工作对家庭增益作为独立变量进行中介效应分析。运用AMOS22.0统计软件，针对正式回收的607份有效问卷，对工作对家庭增益在工作弹性意愿与工作弹性能力的匹配与家庭繁荣之间的中介效应进行结构方程分析。

（3）中介效应测试方法。中介变量分为两类：完全中介和部分中介。完全中介是前因变量完全通过中介变量对结果变量产生影响。如果中介变量不存在，前因变量不会影响结果变量；部分中介是指前因变量对结果变量存在一部分的直接影响，另一部分的影响通过中介产生。在本书中，以Muller、Judd和Yzerbyt（2005）为代表的管理学界的学者普遍应用这种中介方法。他们建议确定中介影响成立与否应该符合四个条件：一是前因变量与结果变量之间具有显著影响；二是前因变量与中介变量之间具有显著影响；三是中介变量与结果变量之间具有显著影响；四是当中介变量介入后，如果前因变量与结果变量之间不再有显著影响，就称做完全中介，如果前因变量与结果变量之间的影响程度降低但仍显著存在，就称做部分中介。

5.1.4 结构方程分析

此部分探讨工作对家庭增益对工作弹性意愿与工作弹性能力的匹配与员工家庭繁荣两个维度，即“家庭繁荣中的学习”和“家庭繁荣中的活力”的中介效应。按照上文中的假设H4所建立的中介影响效应全模型，对其进行结构方程分析。

如表5-1所示，中介影响效应结构方程模型中，数据表明，初始模型0中的各项指数都比较理想。χ^2是593.446，df是238，χ^2/df是2.493，符合小于可接受水平2.5的要求；GFI是0.912，符合大于可接受水平0.9的要求；IFI是0.927，符合大于可接受水平0.9的要求；NFI是0.915，符合大于可接受水平0.9的要求；RFI是0.919，符合大于可接受水平0.8的要求；CFI是0.908，符合大于可接受水平0.9的要求；RMSEA是0.079，符合小于最高可接受值0.08的要求。所以，工作对家庭增益在工作弹性意愿与工作弹性能力的匹配与员工家庭繁荣两个维度，即家庭繁荣中的学习和家庭繁荣中的活力之间的中介影响效应模型成立。

表5-1 **工作对家庭增益对工作弹性意愿与工作弹性能力的匹配与员工家庭繁荣关系的中介影响效应拟合指数表**

指标	χ^2	df	χ^2/df	P	GFI	NFI	RFI	CFI	RMSEA
Model0	593.446	238	2.493	0	0.912	0.915	0.919	0.908	0.079

注：所有拟合指标值均在0.001水平上显著。

进一步地，分别验证工作对家庭增益在工作弹性意愿与工作弹性能力的匹配与家庭繁荣两个维度（家庭繁荣中的学习和家庭繁荣中的活力）关系的中介效应。

根据表5-2可知，模型0表示中介变量工作对家庭增益不存在时，工作弹性意愿与工作弹性能力的匹配对员工家庭繁荣两个维度的直接影响，模型1代表中介变量加入以后，工作对家庭增益对工作弹性意愿与工作弹性能力的匹配与员工家庭繁荣之间关系的影响。具体数据如下：

表5-2 **工作对家庭增益对工作弹性意愿与工作弹性能力的匹配与员工家庭繁荣的中介效应路径系数及显著性检验表**

模型	变量关系	标准路径系数	非标准路径系数	标准误	CR	P	显著性水平
Model 0	工作弹性意愿与工作弹性能力的匹配→家庭繁荣中的学习	0.541	0.611	0.081	5.459	***	显著
	工作弹性意愿与工作弹性能力的匹配→家庭繁荣中的活力	0.505	0.607	0.074	5.080	***	显著
Model 1	工作弹性意愿与工作弹性能力的匹配→家庭繁荣中的学习	0.343	0.436	0.071	5.340	***	显著
	工作弹性意愿与工作弹性能力的匹配→家庭繁荣中的活力	0.341	0.477	0.069	4.163	***	显著
	工作弹性意愿与工作弹性能力的匹配→工作对家庭增益	0.455	0.521	0.072	5.480	***	显著
	工作对家庭增益→家庭繁荣中的学习	0.454	0.596	0.046	5.477	***	显著
	工作对家庭增益→家庭繁荣中的活力	0.516	0.612	0.050	5.234	***	显著

注：***表示P值小于0.001。

（1）工作对家庭增益对工作弹性意愿与工作弹性能力的匹配与员工家庭繁荣中的学习维度之间具有部分中介效应。引入中介变量之前，第

4章中与此处相对应的有关前因变量工作弹性意愿与工作弹性能力的匹配对结果变量员工家庭繁荣中的学习维度直接影响效应检验，结果证明它们之间具有显著影响，标准路径系数是0.541，0.001水平显著。在本章加入中介变量工作对家庭增益之后，经检验，前因变量对中介变量有显著影响，标准路径系数是0.455，0.001水平显著。中介变量对结果变量有显著影响，标准路径系数是0.454，0.001水平显著。并且，前因变量对结果变量仍具有显著影响，标准路径系数是0.343，0.001水平显著。但是，相较未加入中介变量工作对家庭增益之前，前因变量与结果变量间的标准路径系数是0.541，显然系数值减小了，因而，具有部分中介效应。

（2）工作对家庭增益在工作弹性意愿与工作弹性能力的匹配与员工家庭繁荣中的活力维度之间具有部分中介效应。引入中介变量之前，第3章中与此处相对应的有关前因变量工作弹性意愿与工作弹性能力的匹配对结果变量员工家庭繁荣中的活力维度直接影响效应检验，结果证明它们之间具有显著影响，标准化路径系数是0.505，0.001水平显著。在本章加入中介变量工作对家庭增益之后，经检验，前因变量对中介变量有显著影响，标准路径系数是0.455，0.001水平显著。中介变量对结果变量有显著影响，标准路径系数是0.516，0.001水平显著。并且，前因变量对结果变量仍具有显著影响，标准化路径系数是0.341，0.001水平显著。但是，相较未加入中介变量工作对家庭增益之前，前因变量与结果变量间的标准路径系数是0.505，显然系数值减小了，因而，具有部分中介效应。

综上可知，工作对家庭增益在工作弹性意愿与工作弹性能力的匹配与员工家庭繁荣的学习维度间具有部分中介效应，工作对家庭增益在工作弹性意愿与工作弹性能力的匹配与员工家庭繁荣的活力维度间具有部分中介效应，假设H4：工作弹性意愿与工作弹性能力的匹配会通过工作对家庭增益与家庭繁荣产生积极效应，获得验证。由此，相应中介效应模型见图5-2。

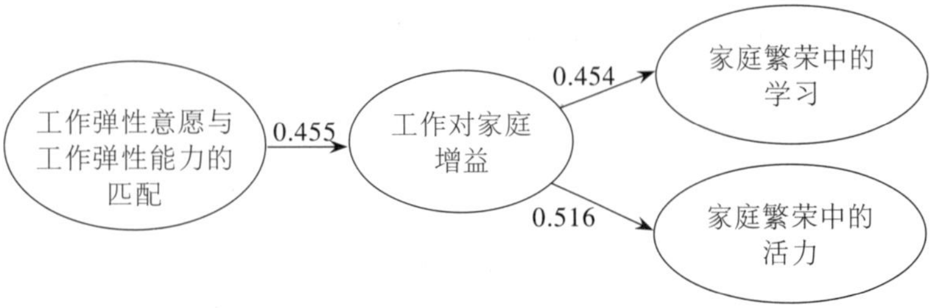

图5-2 工作对家庭增益在工作弹性意愿与工作弹性能力的匹配与员工家庭繁荣之间中介影响效应模型

5.2 家庭对工作增益对家庭弹性意愿与家庭弹性能力匹配和员工工作繁荣关系的中介效应

5.2.1 概念模型与研究假设

本书再提出如下内容及假设：

家庭对工作增益在家庭弹性意愿与能力的匹配与工作繁荣之间的中介效应探索。本书认为，家庭弹性意愿与家庭弹性能力的匹配代表个体能够拥有自由和能力从家庭域转向工作域，以满足其工作域的需求，形成家庭对工作的增益，进而促使个体在工作域中具有学习和活力的心理体验，即实现了工作繁荣。据此，本书提出如下假设：

H5：家庭弹性意愿与家庭弹性能力的匹配会通过家庭对工作增益与工作繁荣产生积极效应。

进一步地，构建相关中介效应的假设模型，见图5-3。

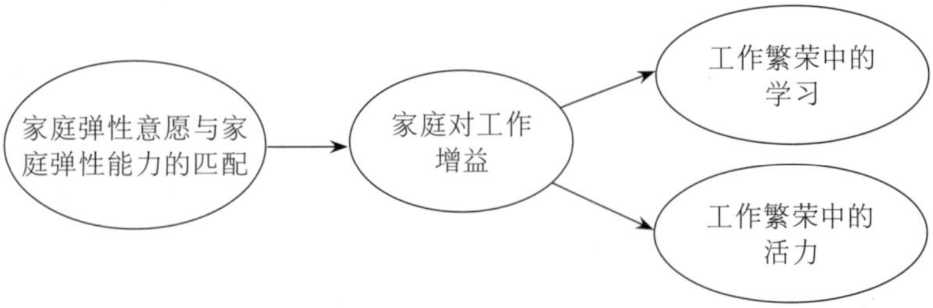

图5-3 家庭对工作增益在家庭弹性意愿与家庭弹性能力的匹配与员工工作繁荣之间中介效应的概念模型

5.2.2 量表选择与研究方法

本章对家庭弹性意愿与家庭弹性能力的匹配的测量、工作繁荣变量的测量与第4章边界弹性意愿与边界弹性能力匹配对员工个体繁荣影响的直接效应中使用的测量方法一致。本章对家庭对工作增益变量测量是采用Carlson等人于2006年汇编，经过本书预调研修正后的，工作-家庭增益量表中的含有9个题项的家庭对工作增益子量表。它的Cronbach's Alpha值是0.935，信度很好，分别含有3个题项的发展、含有3个题项的情感以及含有3个题项的效率等三个维度，这三个维度的Cronbach's Alpha值依次是0.862、0.927与0.906。信度较好。本子量表同样运用李克特的5点量法。

在第3章有关家庭弹性意愿、家庭弹性能力、工作繁荣、家庭对工作增益四者的验证性因子分析基础之上，尽管本章将工作繁荣中的两个维度——工作繁荣中的学习与工作繁荣中的活力——作为独立变量引入接下来的中介效应分析，但是，没有将家庭对工作增益中的三个维度——发展、情感与效率——作为独立变量引入接下来的中介效应分析，而是把家庭对工作增益作为独立变量引入接下来的中介效应分析。这是因为，周路路，赵曙明和朱伟正（2010）以及林忠，孟德芳和鞠蕾（2015）的文献表明，家庭对工作增益三个维度彼此之间的相关性较高。因而，本章在探讨家庭对工作增益在家庭弹性意愿与家庭弹性能力的匹配与员工工作繁荣之间的中介效应时，仅是把家庭对工作增益作为独立变量进行中介效应分析。运用AMOS22.0统计软件，针对正式回收的607份有效问卷，对家庭对工作增益在家庭弹性意愿与家庭弹性能力的匹配与工作繁荣之间的中介效应进行结构方程分析。

对于中介效应的测试方法，与前文相同，此处就不再赘述。

5.2.3 结构方程分析

此部分探讨家庭对工作增益对家庭弹性意愿与家庭弹性能力的匹配与员工工作繁荣两个维度，即“工作繁荣中的学习”和“工作繁荣中的活力”的中介效应。按照上文中的假设H5所建立的中介影响效应全模型，对其进行结构方程分析。

如表5-3所示，中介影响效应结构方程模型中，数据表明，初始模型0中的有些指数不是很理想。χ^2是614.334，df是254，χ^2/df是2.419，符合小于可接受水平2.5的要求；GFI是0.921，符合大于可接受水平0.9的要求；IFI是0.922，符合大于可接受水平0.9的要求；CFI是0.931，符合大于可接受水平0.9的要求；RFI是0.809，符合大于可接受水平0.8的要求。然而，NFI是0.803，不符合大于可接受水平0.9的要求；RMSEA是0.138，不符合小于最高可接受值0.08的要求。

表5-3 家庭对工作增益对家庭弹性意愿与家庭弹性能力的匹配与员工工作繁荣关系的中介影响效应拟合指数表

指标	χ^2	df	χ^2/df	P	GFI	NFI	RFI	CFI	RMSEA
Model 0	614.334	254	2.419	0	0.921	0.803	0.809	0.931	0.138
Model 1	587.006	253	2.32	0	0.933	0.949	0.951	0.942	0.051

注：所有拟合指标值均在0.001水平上显著。

根据MI修正指数，工作繁荣中的学习和工作繁荣中的活力存在因果关系，即工作繁荣中的学习会导致工作繁荣中的活力的产生。事实上，个体繁荣即指兼具学习和活力的体验，这两个内容本质上体现的是个人成长中情感（活力）和认知（学习）的心理体验。其中，学习即指个人有意识地提高知识、技能以及能力的观念，而活力则指能够感觉到热情、有活力的积极状态。个体繁荣并非“是”与“否”的两个极端，也不是间断的状态，而是具有“连续”特征的持续过程（Spreitzer et al.，2005）。因而，允许工作繁荣中的学习与工作繁荣中的活力存在因果关系。工作繁荣中的学习和工作繁荣中的活力建立单箭头因果关系，对模型1进行分析，数据表明所有指标值都符合要求。其中，χ^2是587.006，df是253，χ^2/df是2.32，符合小于可接受水平2.5的要求；GFI是0.933，符合大于可接受水平0.9的要求；IFI为0.929，符合大于可接受水平0.9的要求；NFI是0.949，符合大于可接受水平0.9的要求；RFI是0.951，符合大于可接受水平0.9的要求；CFI是0.942，符合大于可接受水平0.9的要求；RMSEA是0.051，符合小于最高可接受值0.08的要求。所以，家庭对工作增益在家庭弹性意愿与家庭弹性能力的匹配与员工工作繁荣两个维度，即工作繁荣中的学习和工作繁荣中的活力之间的中介影响效应模型成立。

进一步地，分别验证家庭对工作增益在家庭弹性意愿与家庭弹性能力的匹配与工作繁荣两个维度（工作繁荣中的学习和工作繁荣中的活力）关系的中介效应。

根据表5-4可知，模型0表示中介变量家庭对工作增益不存在时，家庭弹性意愿与家庭弹性能力的匹配对员工工作繁荣两个维度的直接影响，模型1代表中介变量加入以后，家庭对工作增益对家庭弹性意愿与家庭弹性能力的匹配与员工工作繁荣之间关系的影响。具体数据为：

表5-4　**家庭对工作增益对家庭弹性意愿与家庭弹性能力的匹配与员工工作繁荣的中介效应路径系数及显著性检验表**

模型	变量关系	标准路径系数	非标准路径系数	标准误	CR	P	显著性水平
Model 0	家庭弹性意愿与家庭弹性能力的匹配→工作繁荣中的学习	0.582	0.645	0.126	3.840	***	显著
	家庭弹性意愿与家庭弹性能力的匹配→工作繁荣中的活力	0.586	0.676	0.136	3.581	***	显著
Model 1	家庭弹性意愿与家庭弹性能力的匹配→工作繁荣中的学习	0.371	0.481	0.061	4.362	***	显著
	家庭弹性意愿与家庭弹性能力的匹配→工作繁荣中的活力	0.379	0.499	0.079	5.404	***	显著
	家庭弹性意愿与家庭弹性能力的匹配→家庭对工作增益	0.531	0.612	0.101	6.471	***	显著
	家庭对工作增益→工作繁荣中的学习	0.562	0.721	0.079	5.393	***	显著
	家庭对工作增益→工作繁荣中的活力	0.443	0.581	0.042	5.296	***	显著
	工作繁荣中的学习→工作繁荣中的活力	0.251	0.331	0.027	1.562	***	显著

注：***表示P值小于0.001。

（1）家庭对工作增益对家庭弹性意愿与家庭弹性能力的匹配与员工工作繁荣中的学习维度之间具有部分中介效应。引入中介变量之前，第4章中与此处相对应的有关前因变量家庭弹性意愿与家庭弹性能力的匹配对结果变量员工工作繁荣中的学习维度直接影响效应检验，结果证明它们之间具有显著影响，标准路径系数是0.582，0.001水平显著。在本章加入中介变量家庭对工作增益之后，经检验，前因变量对中介变量有显著影响，标准路径系数是0.531，0.001水平显著。中介变量对结果变量有显著影响，标准路径系数是0.562，0.001水平显著。并且，前因变量对结果变量仍具有显著影响，标准路径系数是0.371，0.001水平显著。但是，相较未加入中介变量家庭对工作增益之前，前因变量与结果变量间的标准路径系数是0.582，显然系数值减小了，因而，具有部分中介效应。

（2）家庭对工作增益在家庭弹性意愿与家庭弹性能力的匹配与员工工作繁荣中的活力维度之间具有部分中介效应。引入中介变量之前，第3章中与此处相对应的有关前因变量家庭弹性意愿与家庭弹性能力的匹配对结果变量员工工作繁荣中的活力维度直接影响效应检验，结果证明它们之间具有显著影响，标准化路径系数是0.586，0.001水平显著。在本章加入中介变量家庭对工作增益之后，经检验，前因变量对中介变量有显著影响，标准路径系数是0.531，0.001水平显著。中介变量对结果变量有显著影响，标准路径系数是0.443，0.001水平显著。并且，前因变量对结果变量仍具有显著影响，标准化路径系数是0.379，0.001水平显著。但是，相较未加入中介变量家庭对工作增益之前，前因变量与结果变量间的标准路径系数是0.586，显然系数值减小了，因而，具有部分中介效应。

（3）工作繁荣中的学习与工作繁荣中的活力之间存在内部螺旋上升机制。结果变量工作繁荣的两个维度中，工作繁荣中的学习维度对工作繁荣中的活力维度具有显著正向影响，标准路径系数是0.251，0.001水平显著。所以，工作繁荣中的学习对工作繁荣中的活力具有显著正向影响。

综上可知，家庭对工作增益在家庭弹性意愿与家庭弹性能力的匹配与员工工作繁荣的学习维度间具有部分中介效应，家庭对工作增益在家庭弹性意愿与家庭弹性能力的匹配与员工工作繁荣的活力维度间具有部分中介效应，假设H5：家庭弹性意愿与家庭弹性能力的匹配会通过家庭对工作增益与工作繁荣产生积极效应，获得验证。由此，相应中介效应模型见图5-4。

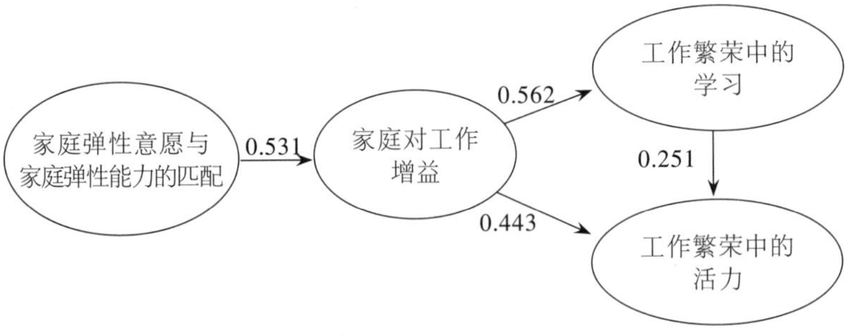

图5-4 家庭对工作增益在家庭弹性意愿与家庭弹性能力的匹配与员工工作繁荣之间中介影响效应模型

5.3 工作-家庭增益对边界弹性意愿与边界弹性能力的匹配和员工个体繁荣中介影响效应的对比

5.3.1 概念模型与研究假设

前文已经证明，工作对家庭增益在工作弹性意愿与工作弹性能力的匹配与员工家庭繁荣之间具有中介效应，而且，家庭对工作增益在家庭弹性意愿与家庭弹性能力的匹配与员工工作繁荣之间具有中介效应。为了进一步探究前因变量边界弹性意愿与边界弹性能力匹配的两个子方向，即工作弹性意愿与工作弹性能力匹配和家庭弹性意愿与家庭弹性能力匹配的影响效应，本章通过中介变量工作-家庭增益的两个子方向，即工作对家庭增益和家庭对工作增益，讨论其在前因变量边界弹性意愿与边界弹性能力匹配的两个子方向与结果变量员工个体繁荣的两个子方向，即家庭繁荣和工作繁荣之间的中介影响效应，因而，此部分拟对比分析工作对家庭增益在工作弹性意愿与工作弹性能力的匹配与员工家庭繁荣之间的中介影响效应和家庭对工作增益在家庭弹性意愿与家庭弹性能力的匹配与员工工作繁荣之间的中介影响效应。由此，本书提出如下假设：

H6：边界弹性意愿与边界弹性能力的匹配通过工作-家庭增益对个体繁荣具有显著的正向联合影响。

进一步地，构建相关中介效应的假设模型，如图5-5所示。

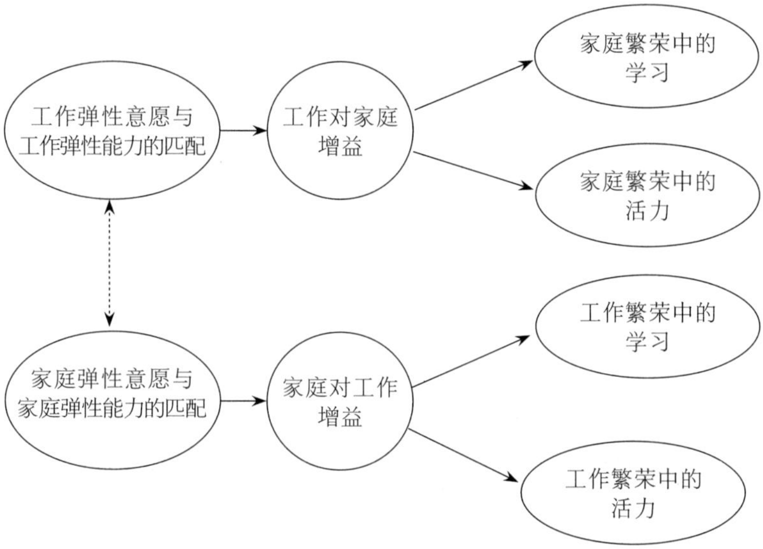

图5-5 工作-家庭增益对边界弹性意愿与边界弹性能力的匹配与员工个体繁荣中介影响效应对比的概念模型

5.3.2 量表选择与研究方法

本部分关于边界弹性意愿与边界弹性能力的匹配变量的测量包含工作弹性意愿与工作弹性能力的匹配与家庭弹性意愿与家庭弹性能力的匹配两部分。其中，本部分对工作弹性意愿与工作弹性能力的匹配的测量量表、对家庭弹性意愿与家庭弹性能力的匹配的测量量表均与第4章边界弹性意愿与边界弹性能力匹配对员工个体繁荣影响的直接效应中使用的相关测量量表相同。本部分关于个体繁荣的测量包含家庭繁荣与工作繁荣两部分。其中，本部分对家庭繁荣变量测量量表、对工作繁荣变量测量量表均与第4章边界弹性意愿与边界弹性能力匹配对员工个体繁荣影响的直接效应中使用的相关测量量表相同。本部分关于工作-家庭增益的测量包含工作对家庭增益与家庭对工作增益两部分。其中，本部分对工作对家庭增益变量测量量表、对家庭对工作增益变量测量量表均与第5章工作-家庭增益对边界弹性意愿与边界弹性能力匹配与员工个体繁荣关系的中介效应中使用的相关测量量表相同。

在第3章有关家庭弹性意愿、家庭弹性能力、工作弹性意愿、工作弹性能力、工作繁荣、家庭繁荣、家庭对工作增益、工作对家庭增益八者的验证性因子分析基础之上，需要指出的是，尽管本章将家庭繁荣中的两个维度——家庭繁荣中的学习与家庭繁荣中的活力，以及工作繁荣中的两个维度——工作繁荣中的学习与工作繁荣中的活力，都作为独立变量引入接下来的中介效应分析，但是，没有将工作对家庭增益中的三个维度——发展、情感与资本，以及家庭对工作增益中的三个维度——发展、情感与效率，作为独立变量引入接下来的中介效应分析，而是把工作对家庭增益与家庭对工作增益作为独立变量引入接下来的中介效应分析。这是因为，周路路，赵曙明和朱伟正（2010）和林忠，孟德芳和鞠蕾（2015）的文献已经证明，工作对家庭增益三个维度的相关性与家庭对工作增益三个维度的相关性都比较高，因而，本章在探讨工作-家庭增益在边界弹性意愿与边界弹性能力的匹配与员工个体繁荣之间的中介影响效应对比时，仅是把工作对家庭以及家庭对工作增益作为独立变量进行中介效应分析。运用AMOS22.0统计软件，针对正式回收的607份有效问卷，对工作-家庭增益在边界弹性意愿与边界弹性能力的匹配与个体繁荣之间的联合中介效应进行结构方程分析。

对于中介效应的测试方法，与前文相同，此处就不再赘述。

5.3.3 结构方程分析

此部分探讨工作对家庭增益在工作弹性意愿与工作弹性能力的匹配与员工家庭繁荣之间的中介影响效应以及家庭对工作增益在家庭弹性意愿与家庭弹性能力的匹配与员工工作繁荣之间的中介影响效应的对比分析结果。按照上文中的假设H6所建立的中介影响效应全模型，对其进行结构方程分析。

如表5-5所示，中介影响效应结构方程模型中，数据表明，初始模型0中的有些指数不是很理想。χ^2为897.314，df为166，χ^2/df为5.406，不符合小于可接受水平2.5的要求；GFI为0.75，不符合大于可接受水平0.9的要求；IFI为0.893，不符合大于可接受水平0.9的要求；CFI为0.804，不符合大于可接受水平0.9的要求；NFI是0.9，不符合大于可接受水平0.9的要求；RFI为0.904，符合大于可接受水平0.9的要求；RMSEA为0.066，符合小于最高可接受值0.08的要求。

表5-5 **工作-家庭增益对边界弹性意愿与边界弹性能力的匹配与员工个体繁荣中介影响效应的对比的全模型拟合指数表**

指标	χ^2	df	χ^2/df	P	GFI	NFI	RFI	CFI	RMSEA
Model 0	897.314	166	5.406	***	0.75	0.9	0.904	0.804	0.066
Model 1	821.708	165	4.98	***	0.879	0.927	0.915	0.89	0.06
Model 2	406.556	164	2.479	***	0.902	0.932	0.942	0.909	0.059

注：***表示P值小于0.001。

根据MI修正指数可知，家庭对工作增益和工作对家庭增益之间存在因果关系，具体方向为，家庭对工作增益促进工作对家庭增益的发生。理论上，工作-家庭增益内部螺旋上升机制的成立，一方面取决于工作-家庭增益的双路径理论（The Double-path Theory）。工作-家庭增益的发生源于两种途径，一种是工具性路径，即参与某一领域活动能产生可应用于另一领域的资源，另一种是情感性路径，即参与某一领域活动能产生可以渗透到另一领域的积极情感（Powell & Greenhaus，2010；Wayne et al.，2004）。进一步地理解，无论是资源还是积极情感的产生过程，不但发生在工作-家庭增益之前，也发生在工作-家庭增益之后。以个体由工作域向家庭域转化为例，当个体实现工作-家庭增益以后，家庭生活质量得到了提高，由此个体又会在家庭域产生更多的积极情感，而这些积极情感可以通过渗透作用再反作用于工作域，进而提高工作质量，家庭对工作增益随之实现。同理，个体实现家庭对工作增益以后，也会进一步产生工作对家庭增益。因此，本书认为，工作-家庭增益内部中的工作对家庭增益与家庭对工作增益彼此之间存在着促进的交互机制。另一方面，取决于角色扩张提升理论（The Role Expansion-enhancement Theory）。工作-家庭增益是指一种协同效用，借由参与一个域（如工作）获取的资源，个体可以增强另一个域（如家庭）的参与度（闫淑敏等，2013）。进一步地理解，将增益构念作为个人用一种角色的体验去提高另外一种角色的生活质量的程度，是角色扩张提升理论的核心，即个人参与多个角色（比如工作和家庭）并不会减弱一个人的生理和心理资源，相反，因为人的精力被认为是丰富的和可扩展的，参与一个角色能对另一个角色表现起到积极效果，这也符合角色扩张提升理论。因此，本书认为，根据角色扩张提升理论的观点，增益可以发生在两个方向上，这意味着工作可以丰富家庭功能域，或者家庭可以丰富工作功能域。基于此，本部分在家庭对工作增益和工作对家庭增益之间建立单箭头因果关系，对模型1再次检验，数据表明仍然有些指标不太理想。χ^2是821.708，df是165，χ^2/df是4.98，不符合小于可接受水平2.5的要求；GFI是0.879，不符合大于可接受水平0.9的要求；CFI是0.89，不符合大于可接受水平0.9的要求；IFI是0.901，符合大于可接受水平0.9的要求；NFI是0.927，符合大于可接受水平0.9的要求；RFI是0.915，符合大于可接受水平0.8的要求；RMSEA为0.06，符合小于最高可接受值0.08的要求。

再次根据MI修正指数可知，工作繁荣中的学习和工作繁荣中的活力存在因果关系，即工作繁荣中的学习会导致工作繁荣中的活力的产生。此因果关系在本章第2小节中的结构方程验证中就已提及原因，事实上，个体繁荣即指兼具学习和活力的体验，这两个内容本质上体现的是个人成长中情感（活力）和认知（学习）的心理体验。其中，学习即指个人有意识地提高知识、技能以及能力的观念，而活力则指能够感觉到热情、有活力的积极状态。个体繁荣并非“是”与“否”的两个极端，也不是间断的状态，而是具有“连续”特征的持续过程（Spreitzer et al.，2005）。因而，允许工作繁荣中的学习与工作繁荣中的活力存在因果关系。在工作繁荣中的学习和工作繁荣中的活力建立单箭头因果关系，对模型2再次检验，数据表明，所有指标都达到标准。x^2是406.556，df是164，χ^2/df是2.479，符合小于可接受水平2.5的要求；GFI是0.902，符合大于可接受水平0.9的要求；IFI是0.911，符合大于可接受水平0.9的要求；NFI是0.932，符合大于可接受水平0.9的要求；RFI是0.942，符合大于可接受水平0.8的要求；CFI是0.909，符合大于可接受水平0.9的要求；RMSEA是0.059，符合小于最高可接受值0.08的要求。

进一步地，验证工作-家庭增益对边界弹性意愿与边界弹性能力的匹配与员工个体繁荣中介效应的对比全模型。

根据表5-6可知，模型0表示中介变量工作-家庭增益不存在时，边界弹性意愿与边界弹性能力的匹配对员工个体繁荣的联合直接影响，模型1代表中介变量加入以后，工作-家庭增益对边界弹性意愿与边界弹性能力的匹配与员工个体繁荣之间的影响。具体数据为：

表5-6　**工作-家庭增益对边界弹性意愿与边界弹性能力与员工个体繁荣之间联合中介效应路径系数及显著性检验表**

模型	变量间关系	标准化路径系数	非准化路径系数	标准误	CR值	P	显著性水平
Model 0	工作弹性意愿与工作弹性能力的匹配→家庭繁荣中的学习	0.644	0.739	0.165	4.804	***	显著
	工作弹性意愿与工作弹性能力的匹配→家庭繁荣中的活力	0.601	0.702	0.159	4.852	***	显著
	家庭弹性意愿与家庭弹性能力的匹配→工作繁荣中的学习	0.680	0.764	0.169	4.833	***	显著
	家庭弹性意愿与家庭弹性能力的匹配→工作繁荣中的活力	0.687	0.771	0.174	4.837	***	显著

续表

模型	变量间关系	标准化路径系数	非准化路径系数	标准误	CR值	P	显著性水平
Model 1	工作弹性意愿与工作弹性能力的匹配→家庭繁荣中的学习	0.427	0.579	0.069	6.178	***	显著
	工作弹性意愿与工作弹性能力的匹配→家庭繁荣中的活力	0.420	0.576	0.074	5.639	***	显著
	工作弹性意愿与工作弹性能力的匹配→工作对家庭增益	0.344	0.421	0.067	3.912	***	显著
	工作对家庭增益→家庭繁荣中的学习	0.462	0.587	0.045	10.314	***	显著
	工作对家庭增益→家庭繁荣中的活力	0.525	0.612	0.049	10.632	***	显著
	家庭弹性意愿与家庭弹性能力的匹配→工作繁荣中的学习	0.318	0.418	0.104	3.068	0.002 (**)	显著
	家庭弹性意愿与家庭弹性能力的匹配→工作繁荣中的活力	−0.040	0.011	0.080	−0.497	0.185	不显著
	家庭弹性意愿与家庭弹性能力的匹配→家庭对工作增益	0.301	0.409	0.092	3.289	***	显著
	家庭对工作增益→工作繁荣中的学习	0.417	0.721	0.044	9.510	***	显著
	家庭对工作增益→工作繁荣中的活力	0.152	0.282	0.037	4.097	***	显著
	工作对家庭增益→家庭对工作增益	0.568	0.753	0.049	13.692	***	显著
	工作繁荣中的学习→工作繁荣中的活力	0.654	0.909	0.054	15.822	***	显著

注：**表示P值小于0.01，***表示P值小于0.001。

（1）工作对家庭增益在工作弹性意愿与工作弹性能力的匹配与员工家庭繁荣中的学习维度之间存在部分中介效应，并且，工作对家庭增益在工作弹性意愿与工作弹性能力的匹配与员工家庭繁荣中的活力维度之间存在部分中介效应。

①工作对家庭增益在工作弹性意愿与工作弹性能力的匹配与员工家庭繁荣中的学习维度之间存在部分中介效应。引入中介变量之前，第4章与此处相对应的有关工作弹性意愿与工作弹性能力的匹配对员工家庭繁荣中的学习维度直接影响效应检验，结果证明它们之间具有显著影响，标准路径系数是0.644，0.001水平显著。在本章加入中介变量工作对家庭增益之后，经检验，前因变量对中介变量有显著影响，标准路径系数是0.344，0.001水平显著。中介变量对结果变量有显著影响，标准路径系数是0.462，0.001水平显著。并且，前因变量对结果变量仍具有显著影响，标准路径系数是0.427，0.001水平显著，但是，相较未加入中介变量工作对家庭增益之前，前因变量与结果变量间的标准路径系数是0.644，显然系数值减小了，因而，具有部分中介效应。

②工作对家庭增益在工作弹性意愿与工作弹性能力的匹配与员工家庭繁荣中的活力维度之间存在部分中介效应。引入中介变量之前，第4章与此处相对应的有关工作弹性意愿与工作弹性能力的匹配对员工家庭繁荣中的活力维度直接影响效应检验，结果证明它们之间具有显著影响，标准路径系数是0.601，0.001水平显著。在本章加入中介变量工作对家庭增益之后，经检验，前因变量对中介变量有显著影响，标准路径系数是0.344，0.001水平显著。中介变量对结果变量有显著影响，标准路径系数是0.525。并且，前因变量对结果变量仍具有显著影响，标准路径系数是0.420，0.001水平显著，但是，相较未加入中介变量工作对家庭增益之前，前因变量与结果变量间的标准路径系数是0.601，显然系数值减小了，因而，具有部分中介效应。

（2）家庭对工作增益在家庭弹性意愿与家庭弹性能力的匹配与员工工作繁荣中的学习维度之间存在部分中介效应，但是，家庭对工作增益在家庭弹性意愿与家庭弹性能力的匹配与员工工作繁荣中的活力维度之间存在完全中介效应。

①家庭对工作增益在家庭弹性意愿与家庭弹性能力的匹配与员工工作繁荣中的学习维度之间存在部分中介效应。引入中介变量之前，第4章与此处相对应的有关家庭弹性意愿与家庭弹性能力的匹配对员工工作繁荣的学习直接影响效应检验，结果证明它们之间具有显著影响，标准路径系数是0.680，0.001水平显著。在本章加入中介变量工作对家庭增益之后，经检验，前因变量对中介变量有显著影响，标准路径系数是0.318，0.01水平显著。中介变量对结果变量有显著影响，标准路径系数是0.301，0.001水平显著。并且，前因变量对结果变量仍具有显著影响，标准路径系数是0.417，0.001水平显著，但是，相较未加入中介变量家庭对工作增益之前，前因变量与结果变量间的标准路径系数是0.680，显然系数值降低了，因而，具有部分中介效应。

②家庭对工作增益在家庭弹性意愿与家庭弹性能力的匹配与员工工作繁荣中的活力维度之间存在完全中介效应。引入中介变量之前，第4章与此处相对应的有关家庭弹性意愿与家庭弹性能力的匹配对员工工作繁荣的活力维度直接影响效应检验，结果证明它们之间具有显著影响，标准路径系数是0.687，0.001水平显著。在本章加入中介变量家庭对工作增益之后，经检验，前因变量对中介变量有显著影响，标准路径系数是0.301，0.001水平显著。中介变量对结果变量有显著影响，标准路径系数是0.152，0.001水平显著。但是，前因变量对结果变量不再存在显著影响，P值0.185，已经超过可接受范围的最高标准0.05。相较未加入中介变量家庭对工作增益之前，前因变量与结果变量间的标准路径系数是0.687，显然此时的前因变量对结果变量的效应不显著，因而，具有完全中介效应。

（3）工作对家庭增益与家庭对工作增益之间存在内部螺旋上升机制。中介变量工作-家庭增益内部，工作对家庭增益维度对家庭对工作增益维度的标准化路径系数为0.568，0.001水平显著。因此，工作对家庭增益维度对家庭对工作增益维度存在显著正向作用。

（4）工作繁荣中的学习与工作繁荣中的活力之间存在内部螺旋上升机制。结果变量工作繁荣内部，工作繁荣中的学习维度对工作繁荣中的活力维度的标准化路径系数是0.654，0.001水平显著。因此，工作繁荣中的学习维度对工作繁荣中的活力维度存在显著正向作用。

以上分析得出了一个“正常”结论。本章单独讨论关于工作对家庭增益在工作弹性意愿与工作弹性能力的匹配与员工家庭繁荣两个维度中的中介效应期间得出，工作对家庭增益在工作弹性意愿与工作弹性能力的匹配与员工家庭繁荣中的学习维度间存在部分中介效应，工作对家庭增益在工作弹性意愿与工作弹性能力的匹配与员工家庭繁荣中的活力维度间存在部分中介效应。此外，联合讨论工作对家庭增益在工作弹性意愿与工作弹性能力的匹配与员工家庭繁荣两维度间的中介效应期间得出，前者仍旧存在部分中介效应，后者仍旧存在部分中介效应。

以上分析得出了一个有趣结论。本章单独讨论关于家庭对工作增益在家庭弹性意愿与家庭弹性能力的匹配与员工工作繁荣两个维度中的中介效应期间得出，家庭对工作增益在家庭弹性意愿与家庭弹性能力的匹配与员工工作繁荣中的学习间存在部分中介效应，家庭对工作增益在家庭弹性意愿与家庭弹性能力的匹配与员工工作繁荣中的活力间存在部分中介效应。此外，不同的是，联合讨论家庭对工作增益在家庭弹性意愿与家庭弹性能力的匹配与员工工作繁荣两维度间的中介效应期间得出，前者仍旧存在部分中介效应，但是，后者却存在完全中介效应。

以上分析得出了另一个有趣结论，家庭对工作增益对家庭弹性意愿与家庭弹性能力的匹配与员工工作繁荣的中介影响小于工作对家庭增益对工作弹性意愿与工作弹性能力的匹配与员工家庭繁荣的中介影响。这与第4章边界弹性意愿与边界弹性能力的匹配对员工个体繁荣直接影响效应全模型中得到的“家庭弹性意愿与家庭弹性能力的匹配对员工工作繁荣的直接影响大于工作弹性意愿与工作弹性能力的匹配对员工家庭繁荣的直接影响”结论有所不同。从工作-家庭增益在边界弹性意愿与边界弹性能力的匹配与个体繁荣中介影响效应全模型研究结果来看，工作对家庭增益在工作弹性意愿与工作弹性能力的匹配与员工家庭繁荣的两个维度的影响依然显著，且家庭对工作增益在家庭弹性意愿与家庭弹性能力的匹配与员工工作繁荣的两个维度的影响依然显著。具体而言，工作对家庭增益在工作弹性意愿与工作弹性能力的匹配与员工家庭繁荣的学习维度的路径系数是0.462，存在显著正向影响；工作对家庭增益在工作弹性意愿与工作弹性能力的匹配与员工家庭繁荣中的活力维度的路径系数是0.525，存在显著正向影响；家庭对工作增益在家庭弹性意愿与家庭弹性能力的匹配与员工工作繁荣中的学习维度的路径系数是0.417，存在显著正向影响；家庭对工作增益在家庭弹性意愿与家庭弹性能力的匹配与员工工作繁荣的活力维度的路径系数是0.152，存在显著的正向影响。

综上，工作对家庭增益在工作弹性意愿与工作弹性能力的匹配与员工家庭繁荣中的学习维度间存在部分中介效应，工作对家庭增益在工作弹性意愿与工作弹性能力的匹配与员工家庭繁荣中的活力维度间存在部分中介效应，家庭对工作增益在家庭弹性意愿与家庭弹性能力的匹配与员工工作繁荣中的学习维度间存在部分中介效应，家庭对工作增益在家庭弹性意愿与家庭弹性能力的匹配与员工工作繁荣中的活力维度间存在完全中介效应。假设H6：边界弹性意愿与边界弹性能力的匹配通过工作-家庭增益对个体繁荣具有显著的正向联合影响，获得验证。由此，相应中介影响效应全模型如图5-6所示。

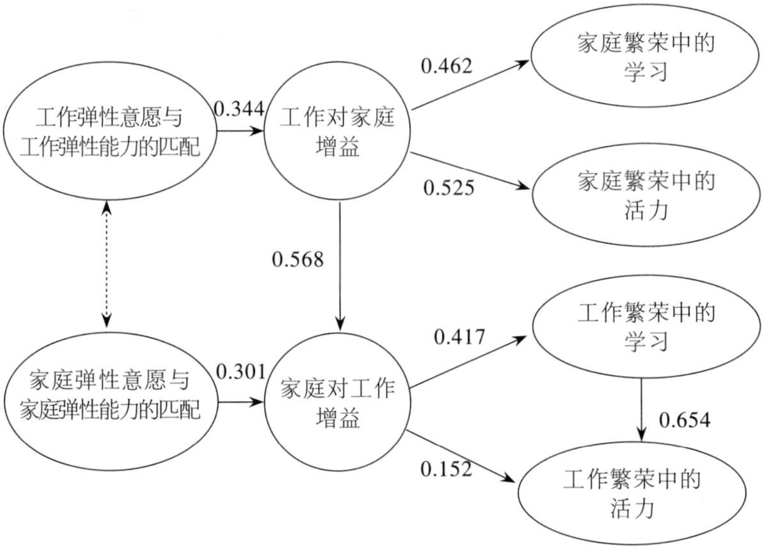

图5-6　工作-家庭增益对边界弹性意愿与边界弹性能力的匹配与员工个体繁荣中介影响效应全模型

5.4 本章小结

一是，有关工作对家庭增益在工作弹性意愿与工作弹性能力的匹配与员工家庭繁荣之间的中介效应得到支持。这是一个较为“正常的”结论。因此，假设H4：工作对家庭增益在工作弹性意愿与工作弹性能力的匹配与员工家庭繁荣之间具有中介效应得到验证。

二是，有关家庭对工作增益在家庭弹性意愿与家庭弹性能力的匹配与员工工作繁荣之间的中介效应得到支持。这是一个较为有趣的结论。因而，假设H5：家庭对工作增益在家庭弹性意愿与家庭弹性能力的匹配与员工工作繁荣之间具有中介效应得到验证。

三是，有关家庭对工作增益在家庭弹性意愿与家庭弹性能力的匹配与员工工作繁荣的中介效应小于工作对家庭增益在工作弹性意愿与工作弹性能力的匹配与员工家庭繁荣的中介效应。这也是一个较为有趣的结论。它与第4章边界弹性意愿与边界弹性能力的匹配对员工个体繁荣直接影响效应全模型中得到的“家庭弹性意愿与家庭弹性能力的匹配对员工工作繁荣的直接影响大于工作弹性意愿与工作弹性能力的匹配对员工家庭繁荣的直接影响”结论有所不同。从工作-家庭增益在边界弹性意愿与边界弹性能力的匹配与个体繁荣中介影响效应全模型研究结果来看，工作对家庭增益在工作弹性意愿与工作弹性能力的匹配与员工家庭繁荣的两个维度的影响依然显著，且家庭对工作增益在家庭弹性意愿与家庭弹性能力的匹配与员工工作繁荣的两个维度的影响依然显著。

6 正念对工作-家庭增益与员工个体繁荣关系的调节效应

6.1 正念对工作对家庭增益与员工家庭繁荣关系的调节效应

6.1.1 理论基础与关系脉络

关于正念与工作-家庭增益和个体繁荣关系的理论基础，可以从两个角度理解，一是正念概念自身包含的丰富维度内涵提供的四路径（four pathways）机制作为理论基础之一，二是角色平衡理论推导出的正念对工作家庭关系的溢出效应作为理论基础之二。具体来说，第一，Allen和Kiburz基于Desrosiers、Glomb等的研究，从正念提高思维自我调节、行为和心理反应的角度出发，提出了四路径机制，该机制认为正念通过提高注意力、减少思维游离、情绪调控、资源最优配置以及强化时间认知四条途径提高个体的工作角色效率与家庭角色效率，降低来自工作域和家庭域的压力程度，减少工作-家庭冲突，实现工作-家庭平衡。详细路径表现为：理论上正念最先通过注意力来影响人体功能，随后才会影响到其他基础功能领域。正念可以提高注意力的稳定性、可控性以及效能。据估计，人类的思维大概会在醒着的一半时间内产生心智游移的状态，而正念能够将注意力稳定在当下（Smallwood & Schooler，2015）。意向正念以及从几小时到上千小时的正念训练能够减少心智游移（Zhang Jingyu & Wu Changxu，2014）。进行正念训练同样能帮助人们在视觉（庞娇艳等，2010）和听觉上保持更加警觉的状态。第二，角色平衡理论推导出的正念对工作家庭关系的溢出效应。详细路径表现为：角色平衡理论认为，积极角色平衡是个体参与每个角色时关注和注意的态度倾向，而正念能够使个体沉浸在所关注的角色之中，可能更好地达到角色绩效（Dane & Brummel，2014）。在工作和家庭角色方面，正念能够提高工作角色和家庭角色质量，可能有效地促进角色平衡（Allen & Kiburz，2012）。具体地，特质正念能够有效地降低两个方面的工作家庭冲突；而基于正念的干预措施（MBI），能够显著提升正念水平，对降低工作家庭冲突更加有效（Allen，Johnson，Kiburz，2013）。类似地，正念的几个维度均能够有效地促进工作家庭平衡，研究发现，特质正念水平越高，工作家庭平衡越显著，其中家庭成员的睡眠质量和活力具有中介效应（Allen & Kiburz，2012）；Reb等（2014）发现，领导的特质正念积极作用于员工的工作生活平衡、工作满意度、组织公民行为，对员工的倦怠和越轨行为有消极作用，而员工的心理满足需要对这些变量有中介作用。然而，现有文献虽未发现正念和工作-家庭增益的相互关系，却有间接证据表明正念对工作-家庭关系具有溢出效应（Allen & Layne，2015）。如职业女性在工作时间进行正念训练，并通过训练将正念行为应用于家庭生活，促使家庭生活从正念资源中获益（Singh et al.，2010）。

据此，本书认为，正念在工作-家庭增益对个体繁荣的影响关系中具有调节效应。

因而，本章提出两个假设H7、H8。

6.1.2 概念模型与研究假设

之所以选择正念这一构念作为中介变量，源自正念的类人格特质。这种类人格特质不同于心理学界主要将正念概念视为心理状态或者心理过程，类人格特质正念一般被认为是感知者在自我参照、自我认知和自我觉察等方面发生的长久改变（Hulsheger et al.，2013），正念要求感知者用非常规的思维认知模式去了解世界（Hulsheger et al.，2014），这需要进行长期的正念训练，才能实现上述持久性变化。

对于正念在工作对家庭增益与员工家庭繁荣之间的调节效应探索，本章认为，如果企业员工的工作对家庭增益实现，就意味着员工在工作域产生了有利的资源。根据Powell和Greenhaus（2010）提出的工作-家庭增益观点，一种工作角色经历能够提高另一家庭角色质量的程度，继而员工能够在家庭域很好地利用这一资源，并且根据个体繁荣的社会嵌入模型，员工能够很好地利用所获得的家庭资源，进而将这种家庭资源转换为家庭的主动性行为，促进家庭繁荣的产生。进一步地，为了提高工作对家庭增益对员工家庭繁荣关系的积极作用机制发生的可能性，引入正念作为调节变量，与其他个体特征构念相较，正念的内涵更为全面且较为注重个体的显意识，这既包括对外部刺激的反应，又包括对内心体验的考虑，与此同时，也兼顾对潜意识行为的关注和对某些情感认知的不关注。因而，具有正念的员工也就更能够懂得如何把在工作领域中获得的资源应用在家庭领域中，而且，具有正念的员工也能够更好地调整他们的情绪并能够在一定的背景下捕获意识上、情绪上以及生理上的所有有利因素。换句话说，他们能够很有技巧地去应用从工作领域中获得的资源，使家庭本身获利（徐慰，刘兴华，2013）。据此，本章先提出一个假设。

H7：正念在工作对家庭增益与员工家庭繁荣中具有正向调节效应。

进一步地，构建相关调节效应的假设模型，如图6-1所示。

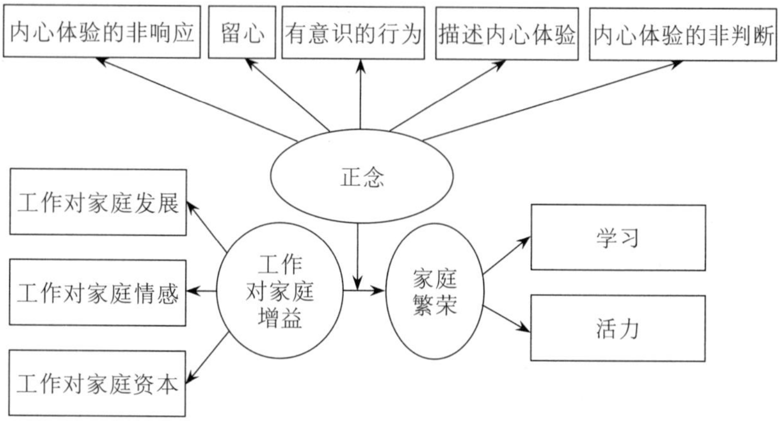

图6-1　正念在工作对家庭增益与员工家庭繁荣关系之间调节效应概念模型

6.1.3　量表选择与研究方法

（1）变量测量方法。与前文相同，本部分对工作对家庭增益变量测量量表与第5章工作-家庭增益对边界弹性意愿与边界弹性能力匹配与员工个体繁荣关系的中介效应中使用的相关测量量表相同。

本部分对家庭繁荣变量测量是采用Porath、Spreitzer和Gibson于2012年编制的，经过预调研修正后的，个体繁荣量表中的含有10个题项的家庭繁荣子量表，它的Cronbach's Alpha值是0.946，信度很好，分别含有5个题项的学习与含有5个题项的活力等两个维度，学习维度和活力维度的Cronbach's Alpha值分别为0.918与0.914，信度较好。本子量表同样运用李克特的5点量法。

另外，本部分有关正念的测量则采用Baer et al.于2006年编制的，经过本书预调研修正后的量表。该子量表共计36个题项，包括内心体验的非响应、留心、有意识的行为、描述内心体验、内心体验的非判断五个维度，其中，内心体验的非响应7个题项、留心8个题项、有意识的行为8个题项、描述内心体验5个题项、内心体验的非判断8个题项。正念量表的Cronbach's Alpha值为0.901，其中，内心体验的非响应的Cronbach's Alpha值为0.846，留心的Cronbach's Alpha值为0.921，有意识的行为的Cronbach's Alpha值为0.929，描述内心体验的Cronbach's Alpha值为0.916，内心体验的非判断的Cronbach's Alpha值为0.856。本量表同样运用李克特的5点量法，从1至5打分，最小数字代表完全不同意，最大数字代表非常同意。

（2）数据分析方法。需要指出的是，尽管前文第5章检验工作-家庭增益在边界弹性意愿与边界弹性的匹配与员工个体繁荣之间的中介效应时是基于AMOS22.0进行，且将工作-家庭增益分为工作对家庭增益与家庭对工作增益，边界弹性意愿与边界弹性能力的匹配分为工作弹性意愿与工作弹性能力的匹配与家庭弹性意愿与家庭弹性能力的匹配，个体繁荣分为家庭繁荣与工作繁荣，分别检验工作对家庭增益在工作弹性意愿与工作弹性能力的匹配与员工家庭繁荣间的中介影响效应以及家庭对工作增益在家庭弹性意愿与家庭弹性能力的匹配与员工工作繁荣间的中介影响效应。但是，却没有将工作-家庭增益中的工作对家庭增益方向细化到它的三个维度（发展、情感、资本），也没有将工作-家庭增益中的家庭对工作增益方向细化到它的三个维度（发展、情感、效率）。这是因为，周路路，赵曙明和朱伟正（2010）以及林忠，孟德芳和鞠蕾（2015）的文献表明，工作对家庭增益的三个维度之间以及家庭对工作增益的三个维度之间的相关性也较高。因而，本章在探讨正念变量在工作对家庭增益与员工家庭繁荣之间的调节效应与正念变量在家庭对工作增益与员工工作繁荣之间的调节效应的时候，仍然是把工作对家庭增益以及家庭对工作增益作为整体变量进行调节效应探讨。因而，本章在做前因变量工作对家庭增益与结果变量家庭繁荣与调节变量正念之间的调节效应分析时，也不将家庭繁荣与正念做分维度处理。鉴于此，本章将应用SPSS19.0软件，基于正式调研收集的607份有效问卷，检验正念在工作对家庭增益与员工家庭繁荣关系之间的调节效应。

（3）调节效应检验方法。如果有另外一个变量影响到前因变量对结果变量的作用关系，那么这另外一个变量就叫做调节变量，并且，调节变量不仅能够影响前因变量和结果变量之间的关系，还能够影响前因变量和结果变量之间关系的方向（Maree，Haar，Fred，2014）。一般来讲，针对前因变量和调节变量所属类型的不同（Mrazek et al.，2013），对应本章，由于作为前因变量的工作-家庭增益与作为调节变量的正念都属于连续变量，本章的调节效应检验方法如下：假设前因变量为X，结果变量为Y，调节变量为M_0，检验步骤分为三步。第一，建立前因变量与结果变量之间的回归方程，$Y=\beta_{10}+\beta_{11}X+e_1$；第二，建立前因变量、调节变量与结果变量之间的回归方程，$Y=\beta_{20}+\beta_{21}M_0+e_2$，拟合优度$R_1^2$产生；第三，建立前因变量、调节变量、前因变量与调节变量乘积项与结果变量之间的回归方程，$Y=\beta_{30}+\beta_{31}M_0+\beta_{32}X\times M_0+e_3$，拟合优度$R_2^2$产生。若$R_2^2>R_1^2$，即$\Delta R^2$显著，或者Y对$X\times M_0$的回归系数显著，那么调节效应成立。

6.1.4 相关分析

本章检验了正念在工作对家庭增益与员工家庭繁荣关系之间调节效应中的各变量的均值、标准差、相关系数。

由表6-1可知，家庭繁荣的均值为3.800，标准差为0.812，工作对家庭增益的均值为3.587，标准差为0.889，正念的均值为3.171，标准差为0.499。工作对家庭增益与家庭繁荣显著正相关（r=0.451，P<0.01），家庭繁荣与正念显著正相关（r=0.417，P<0.01），工作对家庭增益与正念显著正相关（r=0.386，P<0.01）。

表6-1 **正念在工作对家庭增益与员工家庭繁荣关系之间调节效应中联合变量的均值、标准差以及相关系数表**

变量	均值	标准差	1	2	3
1.家庭繁荣（FT）	3.800	0.812	1		
2.工作对家庭增益（WFE）	3.587	0.889	0.451**	1	
3.正念（MIN）	3.171	0.499	0.417**	0.386**	1

注：**表示在0.01水平（双侧）上显著相关，N=607。

6.1.5 调节效应检验

如前所述，检验正念在工作对家庭增益与员工家庭繁荣间的调节效应就需要验证方程4的R_2^2是否大于方程3的R_1^2，即ΔR^2是否显著，或者是方程4的乘积项WFE×MIN的偏回归系数是否显著。

方程1：$FT= a_{10}+a_{11}SEX+a_{12}AGE+a_{13}EDU+a_{14}MAR+a_{15}CHI$

方程2：$FT=a_{20}+a_{21}SEX+a_{22}AGE+a_{23}EDU+a_{24}MAR+a_{25}CHI+a_{26}WFE$

方程3：$FT=a_{30}+a_{31}SEX+a_{32}AGE+a_{33}EDU+a_{34}MAR+a_{35}CHI+a_{36}WFE+a_{37}MIN$

方程4：$FT=a_{40}+a_{41}SEX+a_{42}AGE+a_{43}EDU+a_{44}MAR+a_{45}CHI+a_{46}WFE+a_{47}MIN+a_{48}WFE\times MIN$

其中，FT代表结果变量家庭繁荣，SEX代表性别，AGE代表年龄，EDU代表文化程度，MAR代表婚龄，CHI代表子女数量，五者都是控制变量。WFE是前因变量工作对家庭增益，MIN是调节变量正念。

根据表6-2，正念在工作对家庭增益与员工家庭繁荣关系之间调节效应的回归分析中发现，方程1中代表拟合优度的R^2为0.035，代表拟合优度差值的ΔR^2为0.035，代表ΔR^2显著性水平的$\Delta F=3.556$，在0.01水平上显著，方程2中的R^2为0.209，ΔR^2为0.174>0，$\Delta F=106.786$，在0.001水平上显著，方程3中的R^2为0.275，ΔR^2为0.066>0，$\Delta F=44.301$，在0.001水平上显著，方程4中的R^2为0.277，ΔR^2为0.002>0，$\Delta F=8.101$，在0.01水平上显著。并且，方程1中的F=3.556，在0.001水平上显著，方程2中的F=21.405，在0.001水平上显著，方程3中的F=26.310，在0.001水平上显著，方程4中的F=23.216，在0.001水平上显著。

表6-2　**正念在工作对家庭增益与员工家庭繁荣之间调节效应回归分析表**

变量	家庭繁荣（FT）			
	M1	M2	M3	M4
第一步（控制变量）				
性别	0.181**	0.082	0.018	0.107*
年龄	-0.156**	-0.155**	-0.142*	-0.140*
文化程度	0.041	0.015	0.028	0.026
婚龄	-0.115*	-0.105*	-0.102*	-0.119*
子女数量	0.189**	0.143*	0.140*	0.141*
第二步（主效应）				
工作对家庭增益（WFE）		0.383*	0.298***	0.525**
正念（MIN）			0.453***	0.723**
第三步（调节效应）				
工作对家庭增益×正念（WFE×MIN）				0.213*
R^2	0.035	0.209	0.275	0.277
ΔR^2	0.035	0.174	0.066	0.002
ΔF	3.556**	106.786***	44.301***	8.101***
F	3.556***	21.405***	26.310***	23.216***

注：*表示P<0.05，**表示P<0.01，***表示P<0.001（双尾）。

已有文献证明，员工个体特征也能够实现家庭繁荣，因而，本书选择性别、年龄、文化程度、婚龄、子女数量五种个体特征作为控制变量，以探究正念在工作对家庭增益与员工家庭繁荣关系间的调节效应。据此，依据方程1，对正念的调节效应进行了检验。表6-2列示了本部分调节效应的指标值。其中，控制变量性别对结果变量家庭繁荣具有显著正向影响，回归系数为0.181，P值小于最低可接受显著水平0.01。这一结论或与我国家庭实际情况有关。在我国，根据传统思想，至今绝大部分家庭仍然延续了“男主外、女主内”的思想，男性对家庭生活的主要贡献彰显在工作成绩上，女性对家庭生活的主要贡献彰显在家庭和睦上。因此，对于家庭繁荣的实现，根据我国国情，更多的要求与联系是基于女性展开的。控制变量年龄对结果变量家庭繁荣具有显著负向影响，回归系数为-0.156，P值小于最低可接受显著水平0.01。这一结论符合基本个体发展逻辑顺序，个人在年龄较小的阶段，处于工作发展初期，工作经验不足，会因为岗位基础较差和职位较低的缘故无法更多地参与到工作中，相对应地，此时个体在家庭生活中会面临结婚、生子等重要人生阶段，这会占用个体很大一部分时间与精力，因而，工作繁荣不易出现，家庭繁荣更易实现；个人在年龄较大的阶段，进入工作发展上升期，工作经验更加丰富，工作岗位更加专业，并且工作职位有所提升，个体会把更多时间与精力投入到工作中，相对应地，此时个体的家庭依然稳定，无须在家庭中投入更多的时间与精力就可以维持平衡，因而，工作繁荣更易出现，家庭繁荣不易出现。控制变量文化程度对结果变量家庭繁荣不具有显著影响，回归系数为0.041，P值大于最低可接受显著水平0.05。这一结论符合我国社会情况，文化程度高并不代表其他能力高，文化程度高的个体不一定就能为家庭繁荣做出极大贡献，文化程度低也不一定就不能为家庭繁荣做出极大贡献，因而，两者不具有显著影响。控制变量婚龄对结果变量家庭繁荣具有显著负向影响，回归系数为-0.115，P值小于最低可接受显著水平0.05。这一结论，尽管初看有所异议，但是，这是由本书定义的家庭繁荣包含的两个维度（学习与活力）决定的。婚龄大的个体，更倾向于追求家庭稳定，而非积极努力地在家庭域去创造更多的学习与更大的活力，反之，婚龄小的个体，更倾向于追求家庭成长，会积极努力地在家庭域去创造更多的学习与更大的活力。控制变量子女数量对结果变量家庭繁荣具有显著正向影响，回归系数为0.189，P值小于最低可接受显著水平0.01。这一结论，与我国“家”的传统思想有极大关联，自古以来我国人民就视“多子多孙”“人丁兴旺”为家庭繁荣，因此，子女数量与家庭繁荣存在显著正相关。

根据表6-2，主效应包括方程2与方程3两部分。方程2中，前因变量工作对家庭增益显著正向影响结果变量家庭繁荣，回归系数是0.383，P值小于最低可接受显著水平0.05，这代表工作对家庭增益变动1个单位，家庭繁荣将变动0.383个单位。方程3中，前因变量工作对家庭增益与调节变量正念显著正向影响结果变量家庭繁荣，工作对家庭增益的回归系数是0.298，P值小于最低可接受显著水平0.001，这代表工作对家庭增益变动1个单位，家庭繁荣将变动0.298个单位，正念的回归系数为0.453，P值小于最低可接受显著水平0.001，这代表正念变动1个单位，家庭繁荣将变动0.453个单位。调节效应包括方程4，方程4中，前因变量工作对家庭增益、调节变量正念以及前因变量工作对家庭增益与调节变量正念的乘积显著正向影响结果变量员工家庭繁荣，前因变量工作对家庭增益显著正向影响结果变量家庭繁荣，回归系数是0.525，P值小于最低可接受显著水平0.01，这代表工作对家庭增益变动1个单位，家庭繁荣将变动0.525个单位。调节变量正念对结果变量员工家庭繁荣具有显著的正向影响，正念的回归系数为0.723，P值小于最低可接受显著水平0.01，这代表正念变动1个单位，家庭繁荣将变动0.723个单位。前因变量工作对家庭增益与调节变量正念乘积显著正向影响结果变量员工家庭繁荣，前因变量工作对家庭增益与调节变量正念乘积的回归系数为0.213，P值小于最低可接受显著水平0.05，这代表前因变量工作对家庭增益与调节变量正念乘积变动1个单位，家庭繁荣将变动0.213个单位，这说明正念变量能够在工作对家庭增益与员工家庭繁荣之间发挥调节效应，也就是说，如果员工的正念水平不同，那么不同员工的工作对家庭增益影响家庭繁荣的程度也不尽相同。因而，假设H7：正念在工作对家庭增益与员工家庭繁荣中具有正向调节效应成立。

6.2 正念对家庭对工作增益与员工工作繁荣关系的调节效应

6.2.1 概念模型与研究假设

本章再提出如下内容及假设：

正念在家庭对工作增益与员工工作繁荣之间的调节效应研究。本章认为，家庭对工作增益的实现，意味着员工在家庭域产生了有利的资源，根据Powell和Greenhaus（2010）提出的工作-家庭增益观点，一种家庭角色经历能够提高另一工作角色质量的程度，继而员工能够在工作域很好地利用这一资源，并且，根据个体繁荣的社会嵌入模型，员工能够很好地利用所获得的工作资源，进而将这种工作资源转换为工作的主动性行为，促进工作繁荣的产生。进一步地，为了提高家庭对工作增益对员工工作繁荣关系的积极作用机制发生的可能性，引入既注重个体显意识又兼顾对潜意识行为的关注和对某些情感认知的不关注特征的正念作为调节变量。因而，具有正念的员工也就更能够懂得如何把在家庭领域中获得的资源应用在工作领域中，而且，具有正念的员工也更能够很好地调整他们的情绪并能够在一定的背景下捕获意识上、情绪上以及生理上的所有有利因素。换句话说，他们能够很有技巧地去应用从家庭领域中获得的资源，使工作本身获利（Quick & Tetrick，2010）。据此，本章再提出一个假设。

H8：正念在家庭对工作增益与员工工作繁荣中具有正向调节效应。

进一步地，构建相关调节效应的假设模型，见图6-2。

6.2.2 量表选择与研究方法

本部分对家庭对工作增益变量测量是采用Carlson等于2006年汇编，经过本书预调研修正后的，工作-家庭增益量表中的含有9个题项的家庭对工作增益子量表。它的Cronbach's Alpha值是0.935，信度很好，分别含有3个题项的发展、含有3个题项的情感以及含有3个题项的效率

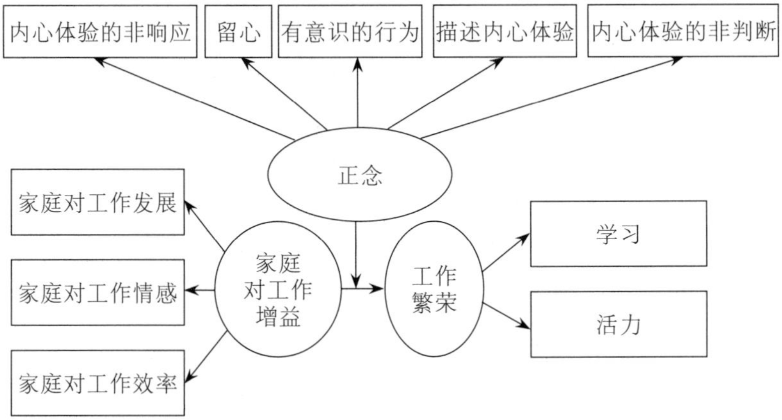

图6-2　正念在家庭对工作增益与员工工作繁荣关系之间调节效应概念模型

等三个维度。这三个维度的Cronbach's Alpha值依次是0.862、0.927与0.906，信度较好。本子量表同样运用李克特的5点量法。

本部分对工作繁荣变量测量是采用Porath、Spreitzer和Gibson于2012年编制的，经过预调研修正后的，个体繁荣量表中的含有8个题项的工作繁荣子量表。它的Cronbach's Alpha值是0.922，信度很好，分为含有4个题项的学习与含有4个题项的活力两个维度，学习维度和活力维度的Cronbach's Alpha值分别为0.879与0.889，信度较好。本子量表同样运用李克特的5点量法。

本部分有关正念的测量量表与本章"正念对工作对家庭增益与员工家庭繁荣关系的调节效应"部分采用的相关量表相同。

需要说明的是，本章在探讨正念变量在家庭对工作增益与员工工作繁荣之间的调节效应仍是把家庭对工作增益作为整体变量进行调节效应探讨。因而，本章在做前因变量家庭对工作增益与结果变量工作繁荣与调节变量正念之间的调节效应分析时，也不将工作繁荣与正念做分维度处理。综上，本章将应用SPSS19.0软件，基于正式调研收集的607份有效问卷，检验正念在家庭对工作增益与员工工作繁荣关系之间的调节效应。而对调节效应检验的方法与前文相同，故不再赘述。

6.2.3　相关检验

本章检验了正念在家庭对工作增益与员工工作繁荣关系之间调节效

应中的各变量的均值、标准差、相关系数。

由表6-3可知，工作繁荣的均值为3.848，标准差为0.787，家庭对工作增益的均值为3.815，标准差为0.837，正念的均值为3.171，标准差为0.499。家庭对工作增益与工作繁荣显著正相关（r=0.464，P<0.01），工作繁荣与正念显著正相关（r=0.449，P<0.01），家庭对工作增益与正念显著正相关（r=0.359，P<0.01）。

表6-3 **正念在家庭对工作增益与员工工作繁荣关系之间调节效应中变量的均值、标准差以及相关系数表**

变量	均值	标准差	1	2	3
1.工作繁荣（WT）	3.848	0.787	1		
2.家庭对工作增益（FWE）	3.815	0.837	0.464**	1	
3.正念（MIN）	3.171	0.499	0.449**	0.359**	1

注：**表示在0.01水平（双侧）上显著相关，N=607。

6.2.4 调节效应检验

如前所述，检验正念在家庭对工作增益与员工工作繁荣之间的调节效应是验证方程8的R_2^2是否大于方程7的R_1^2，即ΔR^2是否显著，或者是方程8的乘积项FWE×MIN的偏回归系数是否显著。

方程5：$WT= b_{10}+b_{11}SEX+b_{12}AGE+b_{13}EDU+b_{14}MAR+b_{15}CHI$

方程6：$WT=b_{20}+b_{21}SEX+b_{22}AGE+b_{23}EDU+b_{24}MAR+b_{25}CHI+b_{26}FWE$

方程7：$WT=b_{30}+b_{31}SEX+b_{32}AGE+b_{33}EDU+b_{34}MAR+b_{35}CHI+b_{36}FWE+b_{37}MIN$

方程8：$WT=b_{40}+b_{41}SEX+b_{42}AGE+b_{43}EDU+b_{44}MAR+b_{45}CHI+b_{46}FWE+b_{47}MIN+b_{48}FWE\times MIN$

WT为结果变量工作繁荣，SEX为性别、AGE为年龄、EDU为文化程度、MAR为婚龄、CHI为子女数量，五者都是控制变量。FWE是前因变量家庭对工作增益，MIN是调节变量正念。

根据表6-4，正念在家庭对工作增益与员工工作繁荣关系之间调节效应的回归分析中发现，方程5中代表拟合优度的R^2为0.031，代表拟合优度差值的ΔR^2为0.031，代表ΔR^2显著性水平的ΔF=3.133，在0.01水平上显著，方程6中的R^2为0.214，ΔR^2为0.183>0，ΔF=113.089，在0.001水平上显著，方程7中的R^2为0.303，ΔR^2为0.089>0，ΔF=62.095，在0.001水平上显著，方程8中的R^2为0.316，ΔR^2为0.013>0，ΔF=9.332，在0.01水平上显著。并且，方程5中的F=3.133，在0.01水平上显著，方程6中的F=22.060，在0.001水平上显著，方程7中的F=30.156，在0.001水平上显著，方程8中的F=28.006，在0.001水平上显著。

表6-4 正念在家庭对工作增益与员工工作繁荣之间调节效应回归分析表

变量	工作繁荣（WT）			
	M5	M6	M7	M8
第一步（控制变量）				
性别	0.092	0.023	0.043	0.058
年龄	−0.188**	−0.172**	−0.161*	−0.157*
文化程度	0.038	0.021	0.033	0.034
婚龄	0.116*	0.112*	0.022	0.124*
子女数量	0.124*	0.106*	0.196*	0.188*
第二步（主效应）				
家庭对工作增益（FWE）		0.412***	0.315***	0.433***
正念（MIN）			0.507***	0.607***
第三步（调节效应）				
家庭对工作增益×正念（FWE×MIN）				0.301**
R^2	0.031	0.214	0.303	0.316
ΔR^2	0.031	0.183	0.089	0.013
ΔF	3.133**	113.089***	62.095***	9.332**
F	3.133**	22.060***	30.156***	28.006***

注：*表示$P<0.05$，**表示$P<0.01$，***表示$P<0.001$（双尾）。

已有文献证明，员工个体特征也能够实现家庭繁荣，因而，本书选择性别、年龄、文化程度、婚龄、子女数量五种个体特征作为控制变量，以探究正念在家庭对工作增益与员工工作繁荣关系间的调节效应。据此，根据方程5，检验正念的调节效应。表6-4列明了正念在家庭对工作增益与员工工作繁荣关系间调节效应的指标值。由方程5可知，控制变量性别对结果变量工作繁荣不具有显著影响，回归系数为0.092，P值大于最低可接受显著水平0.05。这是因为我国现在是社会主义发展初级阶段，群众的物质水平虽然有所改善，但相较发达国家有所差距，并且，我国的社会保障体系尚待进一步完善，这就要求夫妻双方都要有收入才能促进家庭发展，进而确保工作繁荣，所以，无论是男性家庭成员还是女性家庭成员都视工作和家庭为重要的生活领域，因此，这方面没有显著的性别差异。控制变量年龄对结果变量工作繁荣具有显著负向影响，回归系数为-0.188，P值小于最低可接受显著水平0.01。这一结论符合基本个体工作发展逻辑顺序，个人在年龄较小的阶段，虽然处于工作发展初期，工作经验与工作能力不足，但是，也正是因为年龄较小，个人的工作学习态度才会更加认真，工作学习能力才会加速提高，只有如此，年轻员工才能在职业生涯规划中快速由初级职员升为中层管理人员或者中高级技术人才；个人在年龄较大的阶段，虽然处于工作发展成熟期，工作经验与工作能力已然不错，但是，也正是因为年龄较大，个人的工作学习态度才不会那么认真，工作学习能力也不会加速提高，这是成熟员工工作倦怠期的普遍职场表现。因而，年龄与员工工作繁荣之间具有显著负相关性。控制变量文化程度没有显著影响结果变量工作繁荣，回归系数是0.038，P值大于最低可接受显著水平0.05。这一结论符合我国社会情况，文化程度高并不代表职场所需要具备的诸如情商、经验等能力高，文化程度高的个体不一定就能为工作繁荣做出极大贡献，文化程度低也不一定就不能为工作繁荣做出极大贡献，因而，两者不存在显著关系。控制变量婚龄显著正向影响结果变量工作繁荣，回归系数是0.116，P值小于最低可接受显著水平0.05。这一结论的得出，是因为婚龄小的个体，在家庭域遇到的困难与需要付出的精力就多，面对的家庭冲突就多，由于生活是由家庭域与工作域共同组成的，且个人的精力与时间是有限的，那么，在工作域需要付出的精力与承担的责任就小。同样，婚龄大的个体，在家庭域遇到的困难与需要付出的精力就少，面对的家庭冲突就少，由于生活是由家庭域与工作域共同组成的，且个人的精力与时间是有限的，那么，在工作域需要付出的精力与承担的责任就大。控制变量子女数量显著正向影响结果变量工作繁荣，回归系数是0.124，P值小于最低可接受显著水平0.05。这一结论的得出，是因为子女数量越多，个体需要承担的家庭责任就越大，家庭经费开支也越多，这就要求个体在工作域更加努力地工作，实现工作繁荣，获得工作绩效与对应的工作薪酬，才能满足家庭域的需求，反之亦然。因此，子女数量与工作繁荣显著正相关。

根据表6-4，主效应包括方程6与方程7两部分，方程6中，前因变量家庭对工作增益显著正向影响结果变量员工工作繁荣，回归系数是0.412，P值小于最低可接受显著水平0.001，这代表家庭对工作增益变动1个单位，工作繁荣将变动0.412个单位。方程7中，前因变量家庭对工作增益和调节变量正念显著正向影响结果变量员工工作繁荣，前因变量的回归系数为0.315，P值小于最低可接受显著水平0.001，这代表家庭对工作增益变动1个单位，工作繁荣将变动0.315个单位，调节变量的回归系数为0.507，P值小于最低可接受显著水平0.001，这代表正念变动1个单位，工作繁荣将变动0.507个单位。调节效应包括方程8，方程8中，前因变量家庭对工作增益、调节变量正念以及前因变量家庭对工作增益与调节变量正念的乘积显著正向影响结果变量员工工作繁荣，前因变量显著正向影响结果变量，回归系数是0.433，P值小于最低可接受显著水平0.001，这代表家庭对工作增益变动1个单位，工作繁荣将变动0.433个单位，调节变量正念对结果变量员工工作繁荣具有显著的正向影响，正念的回归系数为0.607，P值小于最低可接受显著水平0.001，这代表正念变动1个单位，工作繁荣将变动0.607个单位，前因变量家庭对工作增益与调节变量正念乘积显著正向影响结果变量员工工作繁荣，前因变量与调节变量乘积的回归系数为0.301，P值小于最低可接受显著水平0.01，这代表前因变量家庭对工作增益与调节变量正念乘积变动1个单位，工作繁荣将变动0.301个单位，这说明正念变量能够在家庭对工作增益与员工工作繁荣之间发挥调节作用，也就是说，如果员工的正念水平不同，那么不同员工的家庭对工作增益影响工作繁荣的程度也不尽相同。因而，假设H8：正念在家庭对工作增益与员工工作繁荣中具有正向调节效应成立。

6.3 结果讨论与本章小结

基于前文的验证性因子分析、直接影响效应、中介影响效应的研究，本章分别研究了正念在工作对家庭增益与员工家庭繁荣间的调节效应，以及正念在家庭对工作增益与员工工作繁荣间的调节效应，此项研究也补充了工作-家庭增益、员工个体繁荣以及正念三个变量孤立研究的不足。由于正念这一调节变量对工作-家庭增益与员工个体繁荣发生机理是通过对正念概念自身包含的丰富维度内涵提供的四路径机制分析，经由Dane（2014）角色平衡理论推导出的正念对工作-家庭关系的溢出效应，因而，正念在工作-家庭增益与员工个体繁荣关系之间具有调节效应理论上成立，本章是这个理论的实证验证，调节效应的成立表明，不同正念水平的员工，不仅他们的工作对家庭增益对家庭繁荣的影响是具有显著差异的，而且他们的家庭对工作增益对工作繁荣的影响也是具有显著差异的。本章的结论是：正念在工作对家庭增益与员工家庭繁荣之间具有显著的调节效应，H7假设成立；正念在家庭对工作增益与员工工作繁荣之间起到调节效应，H8假设成立。

7 结论与启示

7.1 主要研究结论

7.1.1 变量因子结构得到验证，量表题项有些许调整

本书在156份预调研有效问卷的基础上，对包含工作弹性意愿、家庭弹性意愿、工作弹性能力和家庭弹性能力的边界弹性量表，包含工作对家庭增益和家庭对工作增益的工作-家庭增益量表，包含工作繁荣和家庭繁荣的个体繁荣量表（包含工作繁荣和家庭繁荣），以及正念量表进行了验证性因子分析，各个量表都获得验证，但是，某些量表中的个别题项需要作出题项数量或题项间关系两方面的调整。

7.1.2 边界弹性意愿与边界弹性能力匹配对员工个体繁荣同时产生直接和间接效应

本研究基于全部607份正式调研有效问卷，对边界弹性意愿与边界

弹性能力匹配对员工个体繁荣同时产生直接和间接效应进行验证。

本书发现，工作弹性意愿与工作弹性能力的匹配对员工家庭繁荣的两个维度（学习和活力）具有显著的正向直接影响效应，同时，工作弹性意愿与工作弹性能力的匹配对员工家庭繁荣中的学习的影响大于对员工家庭繁荣中的活力的影响；家庭弹性意愿与家庭弹性能力的匹配对员工工作繁荣的两个维度（学习和活力）具有显著的正向直接影响效应，同时，家庭弹性意愿与家庭弹性能力的匹配对员工工作繁荣中的学习的影响小于对员工工作繁荣中的活力的影响；更为重要的是，通过边界弹性意愿与边界弹性能力的匹配对员工个体繁荣直接影响效应的对比，家庭弹性意愿与家庭弹性能力的匹配对员工工作繁荣的直接影响效应大于工作弹性意愿与工作弹性能力的匹配对员工家庭繁荣的直接影响效应；工作弹性意愿与工作弹性能力的匹配对员工工作繁荣的两个维度（学习和活力）与家庭弹性意愿与家庭弹性能力的匹配对员工家庭繁荣的两个维度（学习和活力）均具有显著的负向影响。

本书还发现，工作对家庭增益在工作弹性意愿与工作弹性能力的匹配与员工家庭繁荣两个维度（学习和活力）之间具有部分中介效应，同时，家庭对工作增益在家庭弹性意愿与家庭弹性能力的匹配与员工工作繁荣中的学习维度之间存在部分中介效应，但是，家庭对工作增益在家庭弹性意愿与家庭弹性能力的匹配与员工工作繁荣中的活力之间存在完全中介效应。通过工作-家庭增益对边界弹性意愿与边界弹性能力的匹配与员工个体繁荣中介影响效应对比，本书得到了两个“有趣”结论：一是尽管在单独中介效应分析时结果显示，工作对家庭增益在工作弹性意愿与工作弹性能力的匹配与员工家庭繁荣间存在部分中介效应，同时，家庭对工作增益在家庭弹性意愿与家庭弹性能力的匹配与员工工作繁荣间存在部分中介效应，但是，联合中介效应检验时结果显示，家庭对工作增益在家庭弹性意愿与家庭弹性能力的匹配与员工工作繁荣中的学习间存在部分中介效应，家庭对工作增益在家庭弹性意愿与家庭弹性能力的匹配与员工工作繁荣中的活力之间却存在完全中介效应。二是家庭对工作增益在家庭弹性意愿与家庭弹性能力的匹配与员工工作繁荣的中介影响小于工作对家庭增益在工作弹性意愿与工作弹性能力的匹配与员工家庭繁荣的中介影响。它与第4章边界弹性意愿与边界弹性能力的匹配对员工个体繁荣直接影响效应全模型中得到的“家庭弹性意愿与家庭弹性能力的匹配对员工工作繁荣的直接影响大于工作弹性意愿与工作弹性能力的匹配对员工家庭繁荣的直接影响”结论有所不同。从工作-家庭增益在边界弹性意愿与边界弹性能力的匹配与个体繁荣中介影响效应全模型研究结果来看，工作对家庭增益对工作弹性意愿与工作弹性能力的匹配与员工家庭繁荣的两个维度仍然具有显著影响，家庭对工作增益对家庭弹性意愿与家庭弹性能力的匹配与员工工作繁荣的两个维度仍然具有显著影响。

7.1.3 正念对工作-家庭增益与员工个体繁荣关系产生调节效应

本书发现，正念可以正向调节工作对家庭增益与家庭繁荣之间的关系。实现工作对家庭增益，意味着员工在工作域产生了有利的资源，积极工作角色经历能够提高家庭角色质量程度，依据个体繁荣社会嵌入模型，员工可以很好地利用家庭资源，将这种资源转换为家庭主动性行为，产生家庭繁荣。正念调节变量的引入，促使员工能够更加懂得如何把工作资源应用到家庭领域，并能够很好地调整情绪以及捕获有利因素。因此，具有较高正念水平的员工更容易理解和应用工作对家庭增益，从而，对比低水平正念的员工，工作对家庭增益更能够促进其家庭繁荣的实现。

本书还发现，正念可以正向调节家庭对工作增益与工作繁荣之间的关系。实现家庭对工作增益，意味着员工在家庭域产生了有利的资源，积极家庭角色经历能够提高工作角色质量程度，依据个体繁荣社会嵌入模型，员工可以很好地利用工作资源，将这种资源转换为工作主动性行为，产生工作繁荣。正念调节变量的引入，促使员工能够更加懂得如何把家庭资源应用到工作领域，并能够很好地调整情绪以及捕获有利因素。因此，具有较高正念水平的员工可以更好地了解家庭对工作增益，因而，相较具有较低水平正念的企业员工，家庭对工作增益更能够促进其工作繁荣的实现。基于本书的直接效应、间接效应与调节效应，汇总全部假设验证结果见表7-1。

表7-1　　全文假设验证情况汇总表

假设名称	假设内容	是否成立
H1	工作弹性意愿与工作弹性能力的匹配对家庭繁荣具有显著的正向影响	是
H2	家庭弹性意愿与家庭弹性能力的匹配对工作繁荣具有显著的正向影响	是
H3	边界弹性意愿与边界弹性能力的匹配对个体繁荣具有显著的正向交叉影响	否
H3a	工作弹性意愿与工作弹性能力匹配对工作繁荣具有显著的正向影响	否
H3b	家庭弹性意愿与家庭弹性能力匹配对家庭繁荣具有显著的正向影响	否
H4	工作弹性意愿与工作弹性能力的匹配会通过工作对家庭增益与家庭繁荣产生积极效应	是
H5	家庭弹性意愿与家庭弹性能力的匹配会通过家庭对工作增益与工作繁荣产生积极效应	是
H6	边界弹性意愿与边界弹性能力的匹配通过工作-家庭增益对个体繁荣具有显著的正向联合影响	是
H7	正念在工作对家庭增益与员工家庭繁荣中具有正向调节效应	是
H8	正念在家庭对工作增益与员工工作繁荣中具有正向调节效应	是

7.1.4　边界弹性意愿与边界弹性能力的匹配对员工个体繁荣影响机制的综合模型

基于实证分析，本书得到了边界弹性意愿与边界弹性能力的匹配对员工个体繁荣影响机制的综合模型（见图7-1）。由这一模型可知，边界弹性意愿与边界弹性能力的匹配对员工个体繁荣影响主要有如下途径：

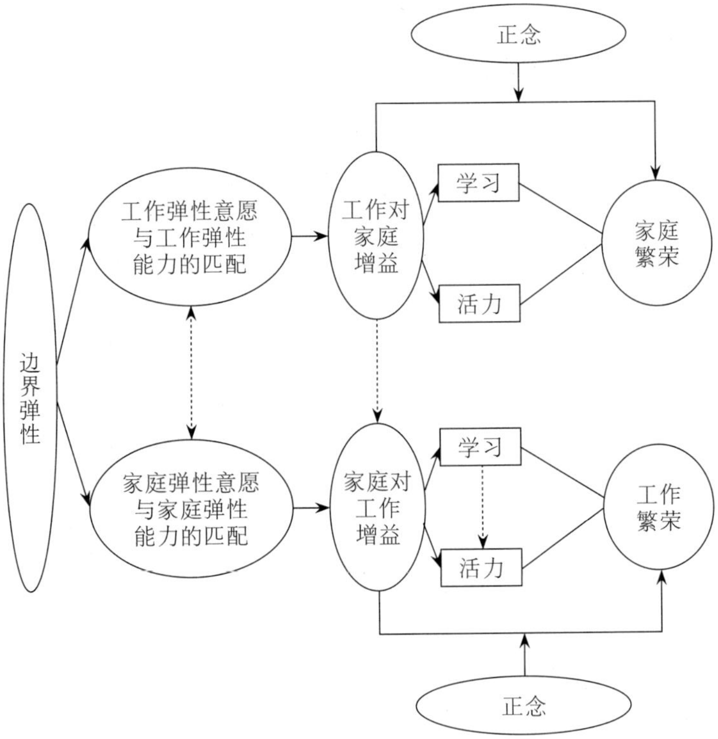

图7-1　边界弹性意愿与边界弹性能力的匹配对员工个体繁荣影响机制综合模型图

资料来源：本书整理。

一是，工作弹性意愿与工作弹性能力的匹配可以直接影响员工家庭繁荣，家庭弹性意愿与家庭弹性能力的匹配也可以直接影响员工工作繁荣。

二是，工作弹性意愿与工作弹性能力的匹配对员工家庭繁荣的影响可以通过工作对家庭增益间接实现，家庭弹性意愿与家庭弹性能力的匹配对员工工作繁荣的影响也可以通过家庭对工作增益间接实现，并且，在工作-家庭增益内部，工作对家庭增益可以显著正向影响家庭对工作增益，在个体繁荣内部，工作繁荣中的学习可以显著正向影响工作繁荣中的活力，工作-家庭增益之间以及工作繁荣两维度之间可能存在内部螺旋上升机制。

三是，正念水平越高，工作对家庭增益对员工家庭繁荣的直接影响越大，正念水平越高，家庭对工作增益对员工工作繁荣的直接影响越大。

7.2 主要研究启示

7.2.1 有关边界弹性匹配的进一步研究

本书中的边界弹性包括工作弹性与家庭弹性，根据工作弹性与家庭弹性确定边界政策。弹性的概念在经济学中已得到广泛的应用，一般来说，只要两个经济变量之间存在着函数关系，就可以用弹性来表示因变量对自变量变化的反应的敏感程度。此处，将经济学的弹性概念引入管理学，在前文已经论证工作/家庭量与工作-家庭关系两个变量之间存在着函数关系的前提下，工作/家庭量的工作-家庭关系弹性是表示在一定时期内工作/家庭量对工作-家庭关系变化的反应的敏感程度，以此来确定不同企业员工相应的工作/家庭的需求量和供给量具体是多少，是否匹配，如何更匹配的问题。其公式为：

工作量的工作-家庭关系弹性=|工作量变动率|/|工作-家庭关系变动率|

家庭量的工作-家庭关系弹性=|家庭量变动率|/|工作-家庭关系变动率|

首先，讨论工作弹性（工作量的工作-家庭关系弹性，下文简称工作弹性，用e_w表示）的五种类型。工作弹性是告诉我们，当员工的工作-家庭关系变动1%时，工作量的变动究竟有多大的百分比。于是，本书完全可以设想：在员工的工作-家庭关系变动1%的前提下，工作量的变动率可能大于1%，这时有$e_w>1$；工作量的变动率可能小于1%，这时有$e_w<1$；工作量的变动率可能恰好等于1%，这时有$e_w=1$。进一步讲，由于$e_w>1$表示工作量的变动率大于工作-家庭关系的变动率，即工作量对于工作-家庭关系变动的反应是比较敏感的，所以，$e_w>1$被称为富有弹性。由于$e_w<1$表示工作量的变动率小于工作-家庭关系的变动率，即工作量对于工作-家庭关系变动的反应欠敏感，所以，$e_w<1$被称为缺乏弹性。$e_w=1$是一种巧合的情况，它表示工作量与于工作-家庭关系的变动率刚好相等。$e_w=1$被称为单一弹性。以上这三种类型的工作弹性分别如图7-2中的（a）、（b）和（c）所示。

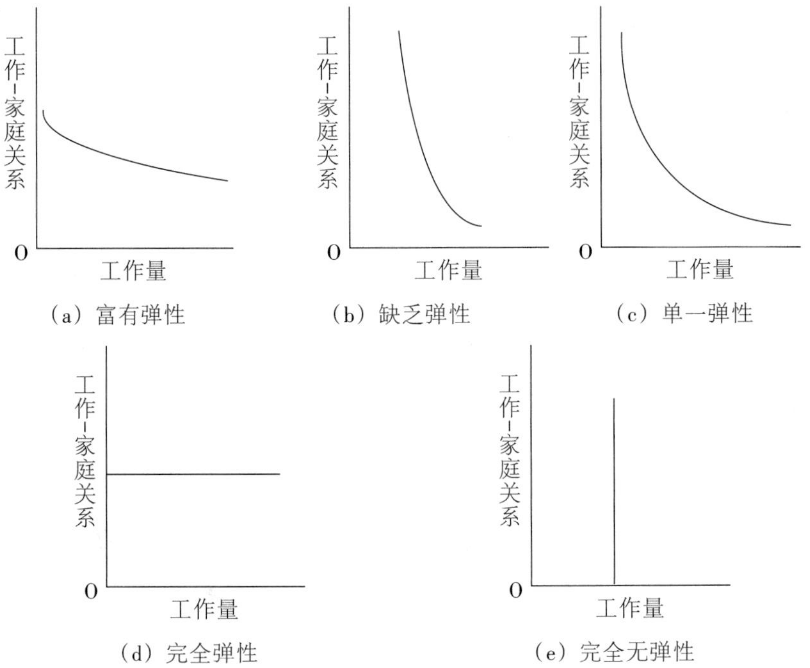

图7-2 工作的工作-家庭关系弧弹性类型图

比较图7-2可知，在（a）中，当$e_w>1$时，工作量曲线相对比较平坦，代表工作富有弹性，即员工的工作量对工作-家庭关系变动的反应比较敏感，工作的替代品较多，这意味着员工更加偏好工作-家庭的转换，不太重视工作。因此，此类员工的工作弹性意愿较高，家庭弹性意愿较低。那么，企业若能够提供员工与之相匹配的高工作弹性能力、低家庭弹性能力的柔性制度环境，则员工能够实现工作-家庭增益，若无法匹配，则员工可能出现工作-家庭冲突。当然，此处存在一种极值情况，即在（d）中，当$e_w=\infty$时，工作量曲线是一条水平线，代表工作完全弹性，即对于水平的工作量曲线来说，只要工作-家庭关系有一个微小的上升，就会使无穷大的工作量一下减少为零。这意味着员工为了实现工作-家庭的转换，家庭可以完全替代工作。这属于一种特殊的工作-家庭增益，即完全家庭环境。在（b）中，当$e_w<1$时，工作量曲线相对比较陡峭，代表工作缺乏弹性，即员工的工作量对工作-家庭关系变动的反应欠敏感，工作的替代品较少，这意味着员工更加排斥工作-

家庭的转换，不太重视家庭。因此，此类员工的工作弹性意愿较低，家庭弹性意愿较高。那么，企业若能够提供员工与之相匹配的低工作弹性能力、高家庭弹性能力的刚性制度环境，则员工能够实现家庭-工作增益，若无法匹配，则员工可能出现家庭-工作冲突。当然，此处存在一种极值情况，即在（e）中，当 $e_w=0$ 时，工作量曲线是一条垂直线，代表工作完全无弹性，即对于垂直的工作量曲线来说，相对于任何工作-家庭关系工作量都是固定不变的。这意味着员工为了实现家庭-工作的转换，工作可以完全替代家庭。这属于一种特殊的家庭-工作增益，即完全工作环境。在（c）中，当 $e_w=1$ 时，工作量曲线呈45°弯曲向原点，代表工作存在单一弹性，即员工的工作量变动与工作-家庭关系变动的反应呈现1：1的状态，这意味着员工的工作量恰好满足工作-家庭平衡状态。因此，此类员工的工作弹性意愿需求=企业组织的工作弹性能力供给、家庭弹性意愿需求=企业组织的家庭弹性能力供给，即员工无须改变其意愿供给且企业无须改变其能力提供。

其次，讨论家庭弹性（家庭量的工作-家庭关系弹性，下文简称家庭弹性，用 e_F 表示）的五种类型。我们已知道，家庭弹性是告诉我们，当员工的工作-家庭关系变动1%时，家庭量的变动究竟有多大的百分比。于是，本书完全可以设想：在员工的工作-家庭关系变动1%的前提下，家庭量的变动率可能大于1%，这时有 $e_F>1$；家庭量的变动率可能小于1%，这时有 $e_F<1$；家庭量的变动率可能恰好等于1%，这时有 $e_F=1$。进一步讲，由于 $e_F>1$ 表示家庭量的变动率大于工作-家庭关系的变动率，即家庭量对于工作-家庭关系变动的反应是比较敏感的，所以，$e_F>1$ 被称为富有弹性。由于 $e_F<1$ 表示家庭量的变动率小于工作-家庭关系的变动率，即家庭量对于工作-家庭关系变动的反应欠敏感，所以，$e_F<1$ 被称为缺乏弹性。$e_F=1$ 是一种巧合的情况，它表示家庭量对于工作-家庭关系的变动率刚好相等。$e_F=1$ 被称为单一弹性。以上这三种类型的工作弹性分别如图7-3中的（a）、（b）和（c）所示。

比较图7-3可知，在（a）中，当 $e_F>1$ 时，家庭量曲线相对比较平坦，代表家庭富有弹性，即员工的家庭量对工作-家庭关系变动的反应比较敏感，家庭的替代品较多，这意味着员工更加偏好家庭-工作的

转换，

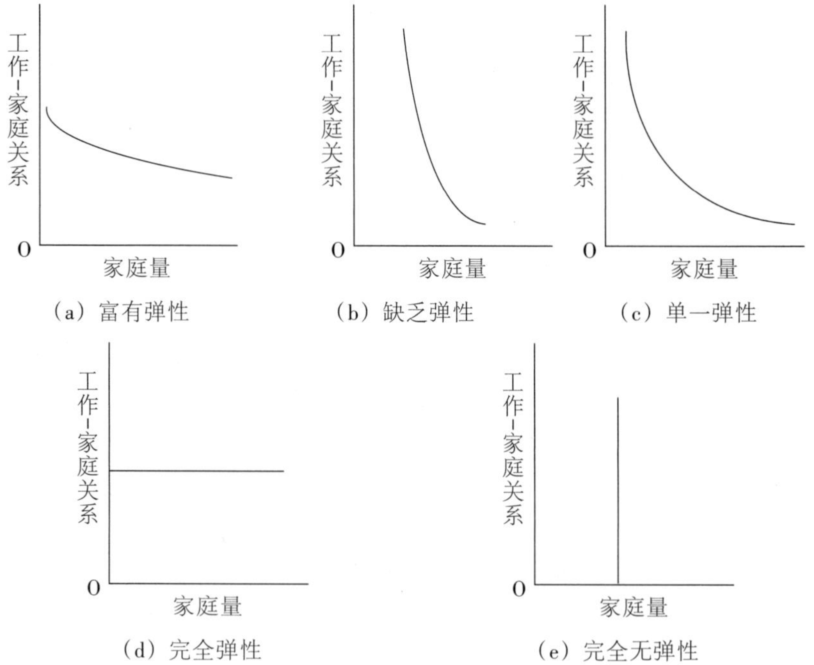

图 7-3　家庭的工作-家庭关系弧弹性的类型图

不太重视家庭。因此，此类员工的家庭弹性意愿较高、工作弹性意愿较低。那么，家庭若能够提供员工与之相匹配的高家庭弹性能力、低工作弹性能力的柔性制度环境，则员工能够实现家庭-工作增益，若无法匹配，则员工可能出现家庭-工作冲突。当然，此处存在一种极值情况，即在（d）中，当 $e_F=\infty$时，家庭量曲线是一条水平线，代表家庭完全弹性，即对于水平的家庭量曲线来说，只要工作-家庭关系有一个微小的上升，就会使无穷大的家庭量一下减少为零。这意味着员工为了实现家庭-工作的转换，工作可以完全替代家庭。这属于一种特殊的家庭-工作增益，即完全工作环境。在（b）中，当 $e_F<1$时，家庭量曲线相对比较陡峭，代表家庭缺乏弹性，即员工的家庭量对工作-家庭关系变动的反应欠敏感，家庭的替代品较少，这意味着员工更加排斥家庭-工作的转换，不太重视工作。因此，此类员工的家庭弹性意愿较低，工作弹性意愿较高。那么，家庭若能够提供员工与之相匹配的低家庭弹性能力、

高工作弹性能力的刚性制度环境，则员工能够实现工作-家庭增益，若无法匹配，则员工可能出现工作-家庭冲突。当然，此处存在一种极值情况，即在（e）中，当$e_F=0$时，家庭量曲线是一条垂直线，代表家庭完全无弹性，即对于垂直的家庭量曲线来说，相对于任何工作-家庭关系家庭量都是固定不变的。这意味着员工为了实现工作-家庭的转换，家庭可以完全替代工作。这属于一种特殊的工作-家庭增益，即完全家庭环境。在（c）中，当$e_F=1$时，家庭量曲线呈45°弯曲向原点，代表家庭存在单一弹性，即员工的家庭量变动与工作-家庭关系变动的反应呈现1：1的状态，这意味着员工的家庭量恰好满足工作-家庭平衡状态。因此，此类员工的家庭弹性意愿需求=家庭组织的家庭弹性能力供给、工作弹性意愿需求=家庭组织的工作弹性能力供给，即员工无须改变其意愿供给且家庭无须改变其能力提供。

7.2.2 关于积极工作-家庭关系的进一步研究

此部分可以从两个方面入手：一方面是在工作-家庭增益基础上进行进一步的理论探索。对工作-家庭增益相关问题的探讨已日益成为工作-家庭研究领域的主流。尽管学者们已经对工作-家庭增益的前因后果进行了大量的研究，但是绝大多数学者在对其前因变量进行研究时，均仅选取了个体方面变量或组织方面变量中的一个，缺乏对个体与组织整合层面的新探索。在对其结果变量研究的时候，都仅仅选了工作域中的某些变量或者家庭域中的某些变量，还未出现整合工作域与家庭域变量的研究，并且，关于工作-家庭增益相关关系的调节机制研究也较为匮乏。事实上，只考虑个人视角或组织视角来探讨工作-家庭增益前因变量是不够完全的，而仅考虑工作-家庭增益在工作域中的结果或在家庭域中的结果也不尽全面，这是因为，工作-家庭增益是个体在工作域与家庭域之间，在组织与家庭之间进行跨域活动过程中产生的，其诱因同时涉及个体因素与组织因素，且能够同时对组织和个体产生影响，因而，对工作-家庭增益前因变量的探讨应同时考虑个体与组织整合层面，而对工作-家庭增益结果变量的研究也应兼顾工作域与家庭域。与此同时，有关工作-家庭增益调节机制的探索能够为企业针对不同员工提供具体且有效的工作-家庭管理办法，所以，理论探索上应予以更多的关注和重视。

另一方面是基于工作-家庭增益进行进一步的实证检验。尽管上述这些尚未被充分探讨的议题为本书实证检验提供了研究空间，本书也同时选定主要受个人因素影响的边界弹性意愿变量与主要受组织因素影响的边界弹性能力变量，将两者的匹配作为工作-家庭增益的前因变量，将包括工作域变量工作繁荣和家庭域变量家庭繁荣的个体繁荣变量作为工作-家庭增益的结果变量，并将体现员工个体特征的正念变量作为调节变量，进而深入探讨上述几个变量之间的作用机理验证，但仍然是远远不够的。本书仅基于将工作-家庭增益的两个方向——工作对家庭增益和家庭对工作增益——视为两个整体进行中介效应验证，但仍缺乏对工作对家庭增益中的三个维度（发展、情感、资本）和家庭对工作增益三个维度（发展、情感、效率）各自的中介效应以及各包含三个维度的两者的联合中介效应对比进行验证分析。不仅是本书在此部分有所欠缺，周路路，赵曙明和朱伟正（2010）以及林忠，孟德芳和鞠蕾（2015）在进行工作家庭增益理论研究中也没有将工作-家庭增益的两个方向分别分成三个维度进行探讨。而在调节变量方面，本书也仅选择了将正念作为整体变量，并未对正念之间的五个维度——内心体验的非响应、留心、有意识的行为、描述内心体验、内心体验的非判断——的调节效应进行验证。然而，Baer等早在2006年就已经指出，正念这一构念内部五个维度之间具有良好的内部一致性和相关性，具体表现在如下两个方面：正念的核心要素是留心（Observing），对内部或外部刺激的关注或注意，是正念的主要组成部分（Brown，Ryan，Creswell，2003；Reb，Narayanan，Chaturvedi，2014），而这种刺激是有意识和目标导向的，是对当下事物的开放性意识（Carmody & Baer，2008；Holas & Jankowski，2013），便于正念者对有意识的观察或者体验进行标记，以决定关注或不予关注（Ivers et al.，2016）；另外，无论是情绪、动机，抑或是认知，正念者会对已经关注的刺激进行有意识的行动，而对不予关注的感觉、认知和情感不判断、不评价、不响应，抑或是不卷入。而正念者能够在不判断或不响应的同时，保持警觉状态

(Brown et al., 2007)。因此，Carmody和Baer（2008）实证检验证明，通过对两组大学生样本完成包含五个维度的正念量表进行内部一致性和收敛效度检验，发现正念的五维度与其他的构念具有显著区别，并在预测个体心理症状时具有增值效度。并且，正念作为一个五层面构念有助于了解其与其他变量的关系。对此，本书却未对其各维度进行验证，尽管总体上已经得出正念在工作-家庭增益与个体繁荣之间具有调节效应的有效结论，如若能够详细至其各维度，那么还有利于进一步拓展正念在工作和家庭领域中的研究发展，因为直至2012年，学者才首次将正念引入工作和家庭领域（Allen & Kiburz，2012)。综上，未来研究可从两方面继续对工作-家庭增益理论进行进一步检验：一方面，要立足于理论拓展，对本身就兼具个体特征与组织特征的工作-家庭增益的其他影响变量进行寻找，即边界弹性意愿与边界弹性能力的匹配对工作-家庭增益之间的关系是否还能进一步挖掘，是否还有兼具个体特征与组织特征的前因变量对工作-家庭增益产生显著影响。与此同时，对本身就兼具工作变量与家庭变量的工作-家庭增益的其他影响变量进行寻找，即工作-家庭增益对个体繁荣之间的关系是否还能进一步挖掘，是否还有兼具工作变量与组织变量的结果变量受到工作-家庭增益的显著影响。另一方面，要立足于实证路径，对实证路径中的工作-家庭增益构念中的两个方向工作对家庭增益对应的三个维度——发展、情感、资本，和家庭对工作增益中对应的三个维度——发展、情感、效率，在员工实现家庭繁荣过程中的中介效应和在实现工作繁荣过程中的中介效应，以及对正念的五个维度内心体验的非响应、留心、有意识的行为、描述内心体验、内心体验的非判断分别在员工通过工作对家庭增益实现家庭繁荣过程中和员工通过家庭对工作增益实现工作繁荣过程中的调节效应进行验证。上述有关经济工作-家庭关系中的中介效应和调节效应的验证研究尤其要在不同情景下展开，为企业针对处于不同情况下的员工而采用不同工作-家庭增益支持策略提供更为精准的借鉴与参考。

7.2.3 有关促进员工个体繁荣实现的具体管理策略探索

个体繁荣能够带来积极结果已得到学者们的一致认可，对于何种因素能够促进个体繁荣的产生，学者们也进行了大量的研究。但是，个体繁荣这一兼具工作域与家庭域特征的整合变量尚未引起工作-家庭领域研究者的足够重视，鲜有基于工作-家庭视角来深入探讨个体繁荣的相关研究。在某种程度上来说，这是个体繁荣研究领域学者的遗憾。这是因为，个体繁荣研究者所探讨的问题脱节于企业实践，更缺乏关于指导性管理措施和具体性指导措施的研究。研究个体繁荣问题的学者们以前并没有考虑到企业发展过程中管理人员需要真正关心工作中员工的家庭问题，没有切实将个体繁荣及计划放入员工的工作-家庭领域中进行双重考虑，仅在工作域探讨个体繁荣问题，即注重对工作繁荣的研究，并认为工作繁荣事实上是对企业员工成长中情感维度和认知维度的体现（West et al.，2014）。直至2013年，Spreitzer才发现，企业员工的成长并非只发生在工作域中，也发生在家庭域，员工在家中的自我提高与蓬勃发展也至关重要，换言之，家庭繁荣也极具重要意义。另外，学者也并没有为企业关于员工个体繁荣中的工作繁荣与家庭繁荣问题的指导提供具有高操作性的做法。总之，之前有关企业员工个体繁荣在工作-家庭领域的研究既没有涉及如何进行相关政策的制定与人力资源干预，更没有提及如何对这些指导措施和政策进行评估。况且，如今移动互联网、大数据、云计算等新技术的广泛应用，为企业经营带来了新的挑战，在这种新形势下，每一个处于转型经济时期且经历各类组织变革的中国企业都应思考如何使员工保持旺盛的精力和高效的工作状态，这使得完全的工作繁荣管理策略已不再适用。更为重要的是，应为每名员工提供“个性化”的工作繁荣与家庭繁荣指导措施。因而，未来研究者应深入探索能够促进员工个体繁荣在经济工作-家庭关系中实现的具体管理策略。

7.3 主要管理启示

积极工作-家庭关系是学者重要的关注点，由于它被认为参与一种角色的经历能够提高在另一角色中的生活质量（高正亮，童辉杰，2010），它的结果能够直接带来更多的身心健康、主观幸福感、工作绩效、婚姻与生活满意度、组织承诺以及更低水平的员工离职率和缺席率等积极结果（鲍昭，罗萍，2015），因而，积极工作-家庭关系也是企业必须要面对的重要关注点。基于以上的研究结果，本书认为企业应从如下四方面着手处理员工工作-家庭关系：一是要给予员工积极工作-家庭关系足够的重视，这是由于员工尽管在企业中隶属于工作域，但是，不容忽视的是员工同时兼具家庭成员的角色，角色的双重性必然使得工作域与家庭域发生交叉甚至出现矛盾，因此，如何使得企业管理者充分识别工作域与家庭域的交互关系，如何使得员工由工作-家庭冲突向工作-家庭增益的转化聚焦，是企业管理者为了提升员工绩效必须考虑的问题之一；二是要充分发挥边界弹性意愿与边界弹性能力匹配的积极作用，这主要可通过允许工作向家庭的转化，但要维持较高的工作弹性意愿与工作弹性能力的匹配的综合指导思想，通过后勤保障与制度来维持较高的工作弹性意愿与工作弹性能力的匹配，多边界弹性管理来保持较高的工作弹性意愿与工作弹性能力的匹配，工作弹性意愿与工作弹性能力相互调整的动态匹配等具体措施来实现；三是要针对不同员工采用不同的工作-家庭增益干预措施，这不仅需要企业加大正视任务完成的可变性与合理增加员工的家庭时间，以便于员工工作对家庭增益的实现，还需要企业减少问题的不确定性与合理缩减工作时间，以便于员工家庭对工作增益的实现；四是针对不同员工的正念水平采用不同的干预措施，这不仅需要根据不同员工的正念水平来选择企业管理制度，还需要通过正念训练来提高正念水平。具体内容如下。

7.3.1 企业应给予员工积极工作-家庭关系问题足够的重视

企业对员工积极工作-家庭关系予以关注主要表现为如下两方面：

一是工作域与家庭域的交互关系越来越深入。目前，大部分企业已经意识到员工的工作域与家庭域已然从社会主义发展初期的受限于交通运输和通信设备的不成熟导致的员工工作域和家庭域之间的关系呈现出完全分割的特点（李原，2013），转化为伴随市场经济突飞猛进的发展、GDP逐年升高以及人们作为“社会人”的角色凸显，员工在繁忙的社会关系中不可避免地要发生工作域和家庭域的交叉。因此，企业会通过制定严格的入职手册与绩效考核表等方式来限制与约束员工在工作域发生的家庭行为，但是，企业这种将解决矛盾的关键放在如何降低工作-家庭冲突上的做法，并不能真正合理应对当今社会急速深化的工作域与家庭域的交互关系。过去的企业管理者与学者都在探索这个问题的解决方案，虽然产生了诸多有参考价值的理论依据与实践做法，但是，毋庸置疑的是，厘清工作域与家庭域的交互关系，是解决此问题的“牛鼻子”。从工作域与家庭域的交叉发展历程来看，先后历经了无互联网介入的动态交叉、互联网介入的非独立交叉、移动互联网介入的独立交叉三个阶段。“无互联网介入的动态交叉”源自20世纪80年代，工作域和家庭域的交叉幅度与广度高频次变化会给刚刚脱离工作域和家庭域完全分割状态的人们带来困惑与不解，更多的工作-家庭冲突伴随具有家庭成员身份与企业员工身份的双重角色冲突接踵而来。“互联网介入的非独立交叉”源自20世纪90年代，互联网时代全面袭来，逐渐接触先进网络通信、生活和生产活动日益密切的人们，已经适应家庭域和工作域之间动态交叉时有发生的状态，并逐渐理顺了这种动态交叉的规律——两者有时较多交叉，有时较少交叉，有时出现大部分交叉，交叉的幅度不存在次序上的先后，而是根据企业员工的婚姻、性别、年龄、岗位性质、单位性质、职业生涯阶段等影响因素的变化而长期处于不断变化的状态之中。于是，企业应该开始正视工作-家庭冲突，并找寻解决之道，也就有了对积极工作-家庭关系的有益探索。“移动互联网介入的独立交叉”源自21世纪，移动互联网时代来临，移动互联网继承了互联网的用户身份可识别、互动与创新的特征，又继承了移动的便捷性与便携性的特征。人们可以随时随地登录移动互联网，它的出现和发展彻底改变了人们的生活习惯和工作规则。相较而言，由于互联网的非随时随地缺陷，其无法深入渗透人们的生活和触及工作的方方面面。所以，移动互联网的出现使其作为独立变量与工作域、家庭域共同作用企业员工，直接影响员工工作-家庭关系与组织结构。因而，员工的工作积极性的提升点不再是简单的工作薪酬增加与工作职务提升问题，而是工作情感与家庭需求的同时满足。他们要求“工作被认可”，更要求“家庭被需要”，这意味着，他们既注重工作人的自我实现，也重视社会人的充分体现。因此，企业应该立足管理学角度，探寻如何促进员工经济工作-家庭关系的发展路径。

二是工作-家庭冲突向工作-家庭增益的转化聚焦。起初，当出现工作-家庭交叉时，企业管理者和学者们都习惯把研究的焦点集中在同时参与工作角色与家庭角色所带来的消极方面，即工作-家庭冲突上。一旦企业发现家庭角色带来的压力与工作角色带来的压力产生排斥作用，致使员工工作角色和家庭角色间出现矛盾与不相容的局面，引起工作域与家庭域两个领域的独立不满或关联矛盾，带来工作、家庭压力或者工作、家庭情绪耗竭等消极作用结果，进而引起员工缺勤乃至离职等严重消极结果，最终会影响组织运营发展并限制组织规模。当工作-家庭域交叉初步显现或者“不独立交叉”时，企业制定的降低工作-家庭冲突的规章制度，例如“工作时间不能参与家庭活动”“通过货币奖励鼓励员工在工作时间尽量做到事清事毕”，减少工作-家庭冲突关系中的消极影响具有很高的现实操作性，它能够帮助员工自身或者员工间发生信息转移、情感性关注、工具化帮助（杨洁等，2012）。进入20世纪，企业管理者与学者们对工作-家庭关系的态度认知逐渐由固有的消极作用变为更能推动工作-家庭关系理论发展的积极作用，即工作-家庭增益上。企业逐渐意识到，员工对不同角色的追逐与参与带来的工作绩效受益要远超其带来的工作绩效受损（Marks & Macdermid，1996），同时，员工如果将家庭与工作角色融合，两种角色产生的两种经历具有一种程度的相似性，这会增进家庭成员的沟通，提高家庭生活质量（Ten Brummelhuis & Bakker，2012）。进一步地，员工凭借从家庭角色中获得的经验、技能、机会，又会使得其在工作角色中的参与度变得更加容易。当工作-家庭域独立交叉时，企业制定的加强工作-家庭增益的规章制度，例如“每周休息周六、周日两天”“设置优秀员工家庭出游基金”，调动员工在工作上的主动性，丰富了员工的生活，使得个人在工作时间同时参与他们的工作和家庭角色，由此可能会派生出员工的社会心理收益和提高员工的生活质量，进而促进员工工作业绩的提升。

7.3.2 充分发挥边界弹性意愿与边界弹性能力匹配的积极作用

本书研究结果为企业员工管理提供了相应的指导。研究结果发现，员工工作弹性意愿与工作弹性能力的匹配会有效地提升其工作对家庭增益的体验，进而实现家庭繁荣，而不匹配则会降低员工工作对家庭增益，甚至产生工作对家庭冲突；员工家庭弹性意愿与家庭弹性能力的匹配会有效地提升其家庭对工作增益的体验，进而实现工作繁荣，而不匹配则会降低员工家庭对工作增益，甚至产生家庭对工作冲突。这提示企业在制定员工工作相关的规章制度时，要充分考虑不同员工的不同需求，力求做到企业提供的资源与员工的个人需求匹配，而不是“一刀切”地强制员工执行某一“大众化”的工作-家庭政策。与此同时，对于企业内部员工，人力部门要积极宣传企业相关工作-家庭政策，通过将员工视为“社会人”，而不是“工作人”的过程改变员工对于工作的偏好和家庭的偏好，进而改变其工作的意愿和家庭的意愿。并且，企业在招聘新员工时，就要尽量选择与录用与企业所制定的工作-家庭边界弹性管理文化具有一致认同的员工。综合而言，本书认为这主要可从允许工作向家庭的转化，但要维持较高的工作弹性意愿与工作弹性能力的匹配的指导方向寻求对策。

一是转变固有观念，通过后勤保障与制度来维持较高的工作弹性意愿与工作弹性能力的匹配水平。本书实证结论指出，“工作对家庭增益”对“家庭对工作增益”具有因果关系，数值为0.568，正向因果关系显著性是比较高的，这就意味着对于企业而言要允许一定范围内的工作向家庭的转化，也就是在移动互联网时代大背景下，企业不能完全隔绝员工在工作时间进行家庭事务处理，这是不现实的，而且降低正的外部效益。但是这种工作对家庭的转化程度应该保持在一个较低水平之上，否则就会挤占工作时间，影响工作绩效。因此，针对企业中会存在员工在工作时间出现的家庭事务处理，企业需要转变固有观念，不可以一味地将其作为反生产行为去限制、阻止，而是应该辩证地看待这个矛盾，通过修订组织管理制度，设计新的个人与组织绩效评估体系，使家庭向工作的转化“增益化”。当然，管理制度设计是把“双刃剑”，在将家庭向工作转化增益化的同时，又需要将这种转化限制在较低的程度上。并且，为了防范员工过多地进行家庭向工作转化，企业行政部门可以通过与家政中心、日托中心联合等提供保障性福利，帮助员工解决可能为其带来转化的家庭事务，从而使员工全面地达到工作-家庭增益，直至实现个体繁荣。

二是通过多边界弹性管理来保持较高的工作弹性意愿与工作弹性能力的匹配。对于传统企业来说，可以从时间与空间两方面加强员工工作域与家庭域的弹性安排，例如，上级通过控制下级的工作时长，提供低工作弹性的工作计划，允许员工在很低自由度上安排工作地点和工作时长等来实现工作弹性能力的弱化，但这样却造成了与员工本身固有的高工作弹性意愿的不匹配。因而，对于传统企业来说，针对每天必须到企业上班的基层员工而言，企业可以通过在办公场所划分工作区和非工作区，每天规定一段时间，允许员工在该段时间内处理家庭事务，并要求员工的紧急家事要到非工作区处理，避免影响其他员工的工作。但是，对于现代企业来说，员工的工作边界已然不受限于时间和空间，并且员工在工作-家庭域中的双重角色、双重心理、双重情感等也不再受限于时间和空间，更何况这些无形的边界更多地取决于员工本人，且不易被察觉，更易出现工作向家庭的转化。因此，企业可以通过制度来约束员工行为、通过培训来塑造员工价值、通过工作氛围来影响员工意识，使得员工维持较高的工作弹性意愿与工作弹性能力匹配水平。

三是内部调整工作弹性意愿与工作弹性能力，实现两者动态匹配。企业员工之所以会产生较高的工作弹性意愿，除了受家庭影响外，还受员工个性和移动互联网时代的工作环境等的影响，企业需要充分了解此类员工的个人偏好，尽量做到给予其的工作强度与之工作弹性能力一致，进而与工作弹性意愿匹配，从而降低工作压力。许多企业由于其工作安排、组织架构、管理权限等原因，无法改变既有的员工管理制度，每个岗位的工作强度是预先设定好的，这时企业可通过招聘工作弹性能力与该岗位的工作强度偏好一致的员工得以实现。因此，企业在招聘过程中，要充分了解员工的工作弹性意愿，挑选与本岗位工作强度、本企业文化相一致的新员工。对于已有的内部员工，可在后续的职业培训中研发有效的培训方案，去获得员工工作弹性意愿产生的真正原因，从而有针对性地排除员工的后顾之忧。例如，在企业内部不定期开展娱乐活动、社交活动来降低员工想要进行工作向家庭转化的期望值，来改变员工的工作弹性意愿，使之与自身的工作弹性能力相匹配，与工作岗位的工作强度相一致。

7.3.3 针对不同员工采用不同的工作-家庭增益干预措施

企业内部原有的工作弹性意愿与工作弹性能力的匹配制度收到预期效果还存在另外一个原因，就是企业制定的制度面对的是全部员工，是一个普适性的制度。但是，不同类型的员工对工作与家庭的分配需求是有所差异的，这与员工的行业属性、企业性质和岗位类别等组织特征，以及年龄、性别、婚龄、子女情况、个性特征等有关。因而，面对同样的工作弹性意愿与工作弹性能力的匹配制度，相较热爱工作的员工，注重家庭生活的员工更容易接受此项制度安排。与之相反，热爱工作的员工不仅不欢迎这种制度安排，还会产生反感，认为这种制度安排会阻碍工作绩效提高。因此，当企业对员工的工作-家庭增益进行管理时首先要做的是了解员工真实的工作弹性意愿与家庭弹性意愿，再为员工度身定制个性化的工作-家庭增益措施。

一是增加家庭时间与正视任务完成的可变性，确保工作对家庭增益的实现。由于移动互联网时代的第一大组织特征——任务完成的可变性提高（林忠，杨阳，2016），高任务完成的可变性易引起工作弹性意愿与工作弹性能力的不匹配，依据移动互联网介入后的劳动供给曲线（林忠，杨阳，2016），缩短家庭时间会导致冲突变点提早冲破。由于移动互联网时代高任务完成的可变性是员工工作-家庭关系中冲突转增益的前提条件，因而，企业要想帮助员工实现工作对家庭增益就应该增加员工家庭时间以及正视员工任务完成的可变性，特别是通过碎片整合方式来管理时间，能够确保时间的充分利用。碎片整合方式管理时间是随着休闲时间与家庭时间办公普遍化而呈递增状态的，这种工作状态的新变化使得员工的工作时间与家庭时间交叉，不仅导致工作效率降低，也会导致家庭幸福指数降低。应对此种情形的具体管理办法是：企业将员工的工作时间与家庭时间建立电子系统，如果员工完成工作任务多用的“碎片化”时间周期累计过长时会进行扣分，扣分值达到一定程度就要求员工参加时间整合学习培训；如果员工完成工作任务时少用“碎片化”时间，就会得到一定的正向分值，当正向分值达到一定程度后企业会为此类员工提供鼓励型福利奖励。这有利于员工改进工作方式，合理规划工作时间，充盈家庭时间并丰富家庭生活，如此，工作对家庭增益得以实现。

二是缩减工作时间与减少问题的不确定性，确保家庭对工作增益的实现。由于移动互联网时代的第二大组织特征——问题的可分析性提高（林忠，杨阳，2016），较低的问题可分析性容易引起家庭弹性意愿与家庭弹性能力的不匹配，依据移动互联网介入后的劳动供给曲线（林忠，杨阳，2016），增加工作时间会导致冲突变点提早冲破。由于移动互联网时代低问题的可分析性是员工工作-家庭关系中冲突转增益的前提条件，因而，企业要想帮助员工实现家庭对工作增益就应该减少员工工作时间以及降低员工问题的不确定性，特别是通过“能力训练”来管理时间，能够确保时间的充分利用。“能力训练”重点培训员工在工作中分析问题与解决问题的能力。之所以会出现员工在处于低问题的可分析性工作状态时会产生压力，不是因为员工职业技能欠缺，而是因为在不确定性问题与动态的变化环境中的应激性的“不知所措”，表示其接受并处理问题的能力有所欠缺，这种情况更多地会出现在新员工身上。应对此种情形的具体管理办法是：一方面培训员工运用移动互联网掌握工作信息的兴趣；二是培训员工主动运用移动互联网的资讯模式提升工作技能，提高复杂多变问题的可分析能力，缩短解决问题的工作时间，降低不必要的时间损耗。如此，家庭对工作增益得以实现。

7.3.4 针对不同员工的正念水平采用不同的干预措施

本书研究结果为企业员工管理提供了相应的指导。研究结果发现，不同正念水平的员工，不仅他们的工作对家庭增益对家庭繁荣的影响是具有显著差异的，而且他们的家庭对工作增益对工作繁荣的影响也是具有显著差异的。一方面，正念在工作对家庭增益与员工家庭繁荣之间具有显著的调节效应，另一方面，正念在家庭对工作增益与员工工作繁荣之间起到调节效应。这提示企业在管理员工工作时，要充分考虑不同员工的正念水平，借由正念的类人格特质，分析员工的正念水平类别，力求做到企业提供的资源与员工的个人需求匹配，而不是“一刀切”地强制全部员工执行普遍性的管理政策。综合而言，本书认为这主要可从管理的时候根据不同员工的正念水平来选择以及如何提高正念的管理水平两方面寻求对策。

一是根据不同员工的正念水平来选择企业管理制度。如智者所言“性格决定命运”，人格是衡量个体的重要指标，同时也是心理学和组织行为学的重要研究议题。人格是指一个人与社会环境相互作用表现出的一种独特的行为模式、思维模式和情绪反应的特征，具有稳定性、独特性的特点，是在先天遗传素质的基础之上个体与环境长期作用的结果。现有的研究结果表明，正念正向影响尽责性与宜人性两大人格特质，负向影响神经质特质，与其他特质没有显著关系。因而，企业在新员工入职以及老员工定期与不定期培训过程中，需要在日常人力资源管理培训手册中附上五大类人格测试问卷，向员工专业讲解五大类人格模型，五大类人格测试的员工得分反馈可定位百分位数得分。例如，评分较高的员工显示其有较强的责任心，而外向性评分百分点高则显示测试者需要保持孤独和安静。虽然这些特质群可能存在例外的个性情况，但平均来看，开放性得分高的话，其求知欲强，有开放的情感，有艺术兴趣，愿意尝试新事物。而有些员工可能会有一个全面开放的高得分，他有兴趣学习和探索新的文化，但没有艺术兴趣。根据员工测试结果，为员工安排不同的工作岗位、不同的工作时间弹性机制以及不同的职业生涯规划。

二是通过正念训练来提高正念水平。正念训练通常用于培训项目中，指的是用有效的正念减压法（Roeser et al.，2013）来提高企业员工的正念水平，进而提高员工绩效与组织绩效，其中包括讲座、讨论和实践，并适应于工作场所，主要以工作场所正念训练形式出现，通过每天练习提高思想、情绪和生理的反应意识。企业员工的正念训练可以通过以下两方面来实现。一方面，通过提高员工主观幸福感来提高员工正念水平。主观幸福感分为正性情感、负性情感和生活满意感三个维度，正性情感提升效果并不一致。大部分研究支持正念训练降低负性情感的同时提升正性情感（Shonin et al.，2014），企业可以通过组织层级去中心化、岗位职责再感知等策略调节员工负性情感，通过弹性上班时间提高员工生活满意感，对生活满意度的测评从某种程度上会影响主观幸福感的整体评价，应该予以重视。另一方面，通过改善员工情绪提高员工正念水平。适当的正念训练可以有效改善个体情绪，尤其是在预防抑郁症复发方面，正念训练有着较好的干预效果。增强对员工的反刍性沉思训练不仅能够提升员工正念水平，还是预测员工抑郁情绪的重要工具。从理论上讲，正念有助于减弱员工之前经验对此刻情绪的影响，从而减少情绪惰性。对于正念特质高的员工，由于本身有着较好的情绪状态，所以可能无法再继续通过训练得到显著的改善。对于正念特质低的员工，由于本身有着较大波动的情绪状态，所以通过训练会得到显著的改善。因而，对员工开展正念训练也要分类进行，正念特质高的员工有可能存在天花板效应，对正念特质低的员工应该着重培训。

7.4 研究局限及未来研究展望

7.4.1 研究局限

本书在积极工作-家庭关系的框架下，基于个人-环境匹配理论、个体繁荣的社会嵌入理论以及自我决定理论等理论，针对边界弹性对员工工作-家庭增益和个体繁荣影响的实证关系进行了探索研究。存在的局限性主要体现为：

第一，研究样本的局限性。预调研样本与正式调研样本尽管涉及国有企业、私人企业、股份制企业等多种企业类型，但碍于文章形成时间短等原因，本书仅选择了辽宁、黑龙江、北京、深圳、新疆、山西、河北等10个省市的53家企业进行调研。通过这些省市的样本所得到的研究结论能否推及我国其他省市，尚需要进一步讨论。

第二，研究方法的局限性。本书主要采用问卷调查法，运用SPSS与AMOS软件对问卷收集到的全部有效数据进行实证检验，并分析了相关变量间的直接效应、中介效应和调节效应，然而，这两种统计软件是不能够完整解释边界弹性、工作-家庭增益、个体繁荣和正念这四种变量背后的理论意义和实践意义的，由此导致本书的结论还停留在根据实证检验得到的结果推断上。虽然本书最后也做出了理论上的推演与实践上的管理启示，但是，这些理论推演与管理启示，还需要在案例分析、扎根理论等质性研究方法上进行深入细化。

7.4.2 未来研究展望

第一，扩展样本范围。本书预调查与正式调查的样本数量局限可能影响到相关变量间关系的显著性，所以，后续研究中本书将扩展样本范围，扩充企业种类，以期修正相关变量关系的准确性，提高相关变量关系对各类性质企业的适用性。

第二，拓展研究方法。一方面，深度开发家庭繁荣量表。如前文所述，尽管学者已经将个体繁荣分解为工作繁荣与家庭繁荣两个维度，并意识到家庭繁荣的重要作用，但是，现有关于个体繁荣的研究仍集中于工作繁荣，对家庭繁荣的讨论尚停留在对其内涵的解释上，具体结构不明晰，且缺少对其实证研究的研究。那么，由于国内外有关家庭繁荣子量表的成熟量表均缺乏，本书依据Greenhaus等（2012）工作-家庭域研究者基于工作身份显著性量表来确定家庭身份显著性量表的做法，在已有工作繁荣子量表的基础上进行家庭繁荣子量表的开发设计。并且，基于中国情境研究需要，本书对两个量表的题项都进行了检验。但是，工作繁荣量表设计的初衷是基于企业员工工作角色视角，而并非家庭视角，在工作繁荣量表题项基础上设计出来的家庭繁荣量表不一定符合企业员工独立的家庭角色，因而，未来可深度开发独立的员工家庭繁荣量表。特别是，未来研究可以与在数名企业人力资源主管及员工深度访谈，搜集资料并用扎根理论进行量表开发的基础上，融合工作繁荣量表，以确定家庭繁荣的量表，这为未来学者们对家庭繁荣量表开发提供了思路。另一方面，融合其他实证研究方法。鉴于本书采是简单分析前因变量、结果变量、中介变量和调节变量之间的关系，且相关变量的关系具有强有力的理论支撑，所以，应用SPSS与AMOS软件尚可，但是，因为SPSS与AMOS是在默认中介效应和调节效应已然存在的基础上去检验它们的关系的准确性，对不存在中介效应和调节效应的变量是失效的，因而，可以进一步使用Mplus软件进行中介效应和调节效应的检验，因为Mplus克服了SPSS与AMOS的缺陷，能够验证出中介效应与调节效应的有无。

参考文献

[1] 鲍昭，罗萍．工作-家庭增益对主观幸福感的影响：核心自我评价的调节作用 [J]．人口与社会，2015，31 (3)：89-95.

[2] 高正亮，童辉杰．积极情绪的作用：拓展-建构理论 [J]．中国健康心理学杂志，2010，35 (2)：246-248.

[3] 韩翼，魏文文．员工工作繁荣研究述评与展望 [J]．外国经济与管理，2013，35 (8)：46-53.

[4] 李原．工作家庭的冲突与平衡：工作-家庭边界理论的视角 [J]．社会科学战线，2013，12 (2)：180-188.

[5] 李永鑫，赵娜．工作-家庭支持的结构与测量及其调节作用 [J]．心理学报，2009，41 (9)：863-874.

[6] 李朝霞．工作-家庭边界特征对工作-家庭平衡的影响 [D]．北京：中国社会科学院研究生院，2012.

[7] 林彦梅，刘洪，王三银．工作边界强度与工作压力的关系——基于个人-环境匹配理论 [J]．中国工业经济．2015，324 (3)：122-134.

[8] 林忠，鞠蕾，陈丽．工作-家庭冲突研究与中国议题：视角、内容和设计 [J]．管理世界，2013，14 (9)：154-171.

[9] 林忠，孟德芳，鞠蕾．工作-家庭增益方格模型构建研究 [J]．中国工业经济，2015，325 (4)：97-109.

[10] 林忠，杨阳．移动互联网时代员工工作-家庭关系增益机理研究［J］．财经问题研究，2016，387（2）：97-105.

[11] 马红宇，申传刚，杨璟，等．边界弹性与工作-家庭冲突、增益的关系：基于人-环境匹配的视角［J］．心理学报，2014，46（4）：540-551.

[12] 马丽．工作-家庭匹配与平衡研究：基于个人-环境匹配的视角［J］．管理评论，2015，27（2）：135-144.

[13] 庞娇艳，柏涌海，唐晓晨，等．正念减压疗法在护士职业倦怠干预中的应用［J］．心理科学进展，2010（10）：1529-1536.

[14] 吴江秋，黄培伦，严丹．工作繁荣的产生及其对创新绩效的影响——来自广东省高科技企业的实证研究［J］．软科学，2015，187（7）：110-113.

[15] 徐慰，刘兴华．正念训练提升幸福感的研究综述［J］．中国心理卫生杂志，2013，27（3）：197-202.

[16] 闫淑敏，金玥莲，陈颖．女性知识型员工角色资源与工作-家庭增益的关系研究［J］．预测，2013，32（6）：51-55.

[17] 杨洁，战冬梅，战梦霞．基于社会支持的自我效能感与工作家庭冲突和增益研究［J］．贵州财经学院学报，2012，31（1）：76-82.

[18] 应婷．边界弹性能力和边界控制感：分割偏好的调节作用［D］．武汉：华中师范大学，2015.

[19] 郑晓明，卢舒野．工作旺盛感：关注员工的健康与成长［J］．心理科学进展，2013（7）：1283-1293.

[20] 周路路，赵曙明，朱伟正．江苏省中小企业培训现状的调查及对策［J］．华东经济管理，2010，24（5）：10-14.

[21] 朱农飞，周路路．工作-家庭文化、组织承诺与离职意向的关系研究［J］，南京社会科学，2010，13（6）：44-50.

[22] AKRAM H，MALIK N I，NADEEM M，et al. Work-family enrichment as predictors of work outcomes among teachers［J］. Pakistan Journal of Commerce and Social Sciences，2014，8（3）：733-743.

[23] ALLEN T D，LAYNE P E. How being mindful impacts individuals′ work-family balance，conflict，and enrichment：a review of existing evidence，mechanisms and future directions［M］. Cambridge，UK：Cambridge University Press，2015.

[24] ALLEN T D，JOHNSON R C，KIBURZ K M，et al. Work family conflict and flexible work arrangements：deconstructing flexibility［J］. Personnel Psychology，2013，66（2）：345-376.

[25] ALLEN T D，KIBURZ K M. Trait mindfulness and work family balance

among working parents: the mediating effects of vitality and sleep quality [J]. Journal of Vocational Behavior, 2012, 80 (2): 372-379.

[26] BAKKER A B, DEMEROUTI E, DOLLARD M F. How job demands affect partners' experience of exhaustion: integrating work-family conflict and crossover theory [J]. Journal of Applied Psychology, 2008, 93 (4): 901-911.

[27] BOLINO M C, TURNLEY W H, GILSTRAP J B, et al. Citizenship under pressure: what's a "good soldier" to do? [J]. Journal of Organizational Behavior, 2010, 31 (6): 835-855.

[28] BROUGH P, KALLIATH T. Work family balance: theoretical and empirical advancements [J]. Journal of Organizational Behavior, 2009, 30 (5): 581-585.

[29] BROWN K W, RYAN R M, CRESWELL J D. Mindfulness: theoretical foundations and evidence for its salutary effects [J]. Psychological Inquiry, 2007, 18 (4): 211-237.

[30] BULGER C A, MATTHEWS R A, HOFFINAN M E. Work and personal life boundary management: boundary strength, work / personal life balance and the segmentation-integration continuum [J]. Journal of Occupational Health Psychology, 2007, 12 (4): 365-375.

[31] BUTTS M M, BECKER W J, BOSWELL W R. Hot buttons and time sinks: the effects of electronic communication during nonwork time on emotions and work-nonwork conflict [J]. Academy of Management Journal, 2015, 58 (3): 763-788.

[32] CARLSON D S, GRZYWACZ J G, ZIVNUSKA S. Is work-family balance more than conflict and enrichment? [J]. Human relations; studies towards the integration of the social sciences, 2009, 62 (10): 1459-1486.

[33] CARMELI A, SPREITZER G M. Trust, connectivity, and thriving: implications for innovative behaviors at work [J]. Journal of Creative Behavior, 2011, 43 (3): 169-191.

[34] CARMODY J, BAER R A. Relationships between mindfulness practice and levels of mindfulness, medical and psychological symptoms and well-being in a mindfulness-based stress reduction program [J]. Journal of Behavioral Medicine, 2008, 31 (1): 23-33.

[35] CHEN ZHENG, POWELL G N, GREENHAUS J H. Work-to-family

conflict, positive spillover, and boundary management: a person environment fit approach [J]. Journal of Vocational Behavior, 2009, 74 (1): 82–93.

[36] PORATH C, SPREITZER G, GIBSON C, et al. Thriving at work: toward its measurement, construct validation, and theoretical refinement [J]. Journal of Organizational Behavior, 2012, 33 (2): 250–275.

[37] NOHE C, MEIER L L, SONNTAG K, et al. The chicken or the egg? a meta-analysis of panel studies of the relationship between work-family conflict and strain [J]. Journal of Applied Psychology, 2015, 100 (2): 522–536.

[38] DANE E, BRUMMEL B J. Examining workplace mindfulness and its relations to job performance and turnover intention [J]. Human Relations, 2014, 67 (1): 105–128.

[39] DECI E L, RYAN R M. Self-determination theory: a macrotheory of human motivation, development and health [J]. Canadian Psychology, 2008, 49 (3): 182–185.

[40] DEMEROUTI E. The spillover and crossover of resources among partners: the role of work-self and family-self facilitation [J]. Journal of Occupational Health Psychology, 2012, 17 (2): 184–195.

[41] EBERTH J, SEDLMEIER P. The effects of mindfulness meditation: a meta-analysis [J]. Mindfulness, 2012, 3 (3): 174–189.

[42] FAST N J, BURRIS E R, BARTEL C A. Managing to stay in the dark: managerial self-efficacy, ego defensiveness, and the aversion to employee voice [J]. Academy of Management Journal, 2014, 57 (4): 1013–1034.

[43] FELDMAN G, GREESON J, SENVILLE J. Differential effects of mindful breathing, progressive muscle relaxation, and loving-kindness meditation on decentering and negative reactions to repetitive thoughts [J]. Behaviour Research & Therapy, 2010, 48 (10): 1002–1011.

[44] FLOOK L, GOIDBERG S B, PINGER L, et al. Mindfulness for teachers: a pilot study to assess effects on stress, burnout and teaching efficacy [J]. Mind Brain & Education, 2013, 7 (3): 182–195.

[45] LAZARUS B N. Stress, appraisal, and Coping [M]. New York:

Springer Publishing Company, 1984.

[46] AMMONS S. Work and life integration: organizational, cultural, and individual perspectives [J]. Contemporary Sociology, 2005, 35 (3): 263-265.

[47] GOOD D J, LYDDY C J, GLOMB T M, et al. Contemplating mindfulness at work: an integrative review [J]. Journal of Management, 2016, 42 (1): 877-880.

[48] GREENHAUS J H, PENG A C, ALLEN T D. Relations of work identity, family identity, situational demands, and sex with employee work hours [J]. Journal of Vocational Behavior, 2012, 80 (1): 27-37.

[49] HALBESLEBEN J R B, NEVEU J P, PAUSTIAN-UNDERDAHL S C, et al. Getting to the "COR": understanding the role of resources in conservation of resources theory [J]. Journal of Management, 2014, 40 (5): 1334-1364.

[50] HALBESLEBEN J R B, JARON H, BOLINO M C. Too engaged? a conservation of resources view of the relationship between work engagement and work interference with family [J]. Journal of Applied Psychology, 2009, 94 (6): 1452-1465.

[51] HEAPHY E D, DUTTON J E. Integrating organizations and physiology: Getting started [J]. Academy of Management Review, 2008, 33 (4): 1009-1010.

[52] HOLAS P, JANKOWSKI T. A Cognitive perspective on mindfulness [J]. International Journal of Psychology, 2013, 48 (3): 232-243.

[53] HUNTER E M, PERRY S J, CARLSON D S, et al. Linking team resources to work-family enrichment and satisfaction [J]. Academy of Management Annual Meeting Proceedings, 2010, 77 (2): 1-6.

[54] HULSHEGER, UTE R, ALBERTS H J E M, FEINHOLDT A, et al. Benefits of mindfulness at work: the role of mindfulness in emotion regulation, emotional exhaustion, and job satisfaction [J]. Journal of Applied Psychology, 2013, 98 (2): 310-325.

[55] HULSHEGER U R, LANG J W B, DEPENBROCK F, et al. The power of presence: the role of mindfulness at work for daily levels and change trajectories of psychological detachment and sleep quality [J]. Journal of Applied Psychology, 2014, 99 (6): 1123-1128.

[56] IVERS N N, JOHNSON D A, CLARKE P B, et al. The relationship

between mindfulness and multicultural counseling competence [J]. Journal of Counseling & Development, 2016, 94 (1): 72-82.

[57] Lckovics J R, ICKOVICS, CRYSTAL L P. Paradigm shift: why a focus on health is important [J]. Journal of Social Issues, 1998, 54 (2): 237-244.

[58] JHA A P, MORRISON A B, DAINER-BEST J, et al. Minds "at attention": mindfulness training curbs attentional lapses in military cohorts [J]. Plos One, 2015, 10 (2): 1-19.

[59] SAAKVITNE K W, Tennen H, Affleck G. Exploring thriving in the context of clinical trauma theory: constructivist self development theory [J]. Journal of Social Issues, 2010, 54 (2): 279-299.

[60] KELLY E L, MOEN P, OAKES J M, et al. Changing work and work-family conflict: Evidence from the Work, Family, and Health Network [J]. American Sociological Review, 2014, 79 (3): 1-32.

[61] KOSSEK E E, LAUTSCH B A. CEO of me: creating a life that works in the flexible job age [M]. Pennsylvania: Wharton School Publishing, 2008.

[62] KOSSEK E E, LAUTSCH B A, EATON S C. Telecommuting, control, and boundary management: correlates of policy use and practice, job control and work-family effectiveness [J]. Journal of Vocational Behavior, 2006, 68 (2): 347-367.

[63] KREINER G E, HOLLENSBE E C, SHEEP M L. Balancing borders and bridges: negotiating the work-home interface via boundary tactics [J]. Academy of Management Journal, 2009, 52 (4): 704-730.

[64] LAURA, QUIROS, PHD. Trauma, recovery, and growth: positive psychological perspectives on posttraumatic stress [J]. Journal of Teaching in Social Work, 2010, 30 (1): 118-121.

[65] LINGARD H C, FRANCIS V, TURENER M. Work-family enrichment in the Australian construction industry: implications for job-design [J]. Construction Management and Economics, 2010, 28 (5): 467-480.

[66] LORD R G, DIEFENDORFF J M, SCHMIDT A M, et al. Self-regulation at work [J]. Social Science Electronic Publishing, 2010, 61 (5): 543-68.

[67] MAREE R, HAAR J M, FRED L. The role of mindfulness and psychological capital on the well-being of leaders [J]. Journal of

Occupational Health Psychology, 2014, 19 (4): 476-489.

[68] MARKS S R, MACDERMID S M. Multiple roles and the self: a theory of role balance [J]. Journal of Marriage & Family, 1996, 58 (2): 417-432.

[69] MATTHEWS R A, BARNES-FARRELL J L, BULGER C A. Advancing measurement of work and family domain boundary characteristics [J]. Journal of Vocational Behavior, 2010, 77 (3): 447-460.

[70] MATTHEWS R A, WINKEL D E. A longitudinal examination of role overload and work family conflict: the mediating role of interdomain transitions [J]. Journal of Organizational Behavior, 2014, 35 (1): 72-91.

[71] MICHEL A, BOSCH C, REXROTH M. Mindfulness as a cognitive-emotional segmentation strategy: an intervention promoting work-life balance [J]. Journal of Occupational & Organizational Psychology, 2014, 87 (4): 733-754.

[72] MICHEL J S, KOTRBA L M, MITCHELSON J K, et al. Antecedents of work family conflict: a meta-analytic review [J]. Journal of Organizational Behavior, 2011, 32 (5): 689-725.

[73] MRAZEK M D, FRANKLIN M S, DAWA T P, et al. Mindfulness training improves working memory capacity and GRE performance while reducing mind wandering [J]. Psychological Science, 2013, 24 (5): 776-781.

[74] NG T W H, FELDMAN D C. The Effects of organizational and community embeddedness on work-to-family and family-to-work conflict [J]. Journal of Applied Psychology, 2012, 97 (6): 1233-1251.

[75] NIESSEN C, SONNENTAG S, SACH F. Thriving at work-a diary study [J]. Journal of Organizational Behavior, 2011, 33 (4): 468-487.

[76] OLANO H A, DIANA K, TANNENBAUM S L, et al. Engagement in mindfulness practices by u. s. adults: sociodemographic barriers [J]. Journal of Alternative & Complementary Medicine, 2015, 21 (2): 100-102.

[77] PAGNONI G. Dynamical properties of BOLD activity from the ventral posteromedial cortex associated with meditation and attentional skills [J]. The Journal of Neuroscience, 2012, 32 (15): 5242-5249.

[78] PATERSON T A, LUTHANS F, JEUNG W. Thriving at work: impact of

psychological capital and supervisor support [J]. Journal of Organizational Behavior, 2014, 35 (3): 434-446.

[79] PFEFFER J. Building sustainable organizations: the human factor [J]. Research Papers, 2010, 41 (8): 1501-1520.

[80] PORATH C L, EREZ A. Does rudeness really matter? the effects of rudeness on task performance and helpfulness [J]. Academy of Management Journal, 2007, 50 (5): 1181-1197.

[81] WALUMBWA F O, MUCHIRI MK, MISATI E, et al. Inspired to perform: a multilevel investigation of antecedents and consequences of thriving at work [J]. Journal of organizational behavior, 2018, 39 (3): 249-261.

[82] PORATH C L, SPREITZER G, GIBSON C, et al. Thriving at work: towards its measurement, construct validation, and theoretical refinement [J]. Journal of Organizational Behavior. 2011, 756 (10).

[83] POWELL G N, EDDLESTON K. Work-family enrichment and entrepreneurial success: do female entrepreneurs benefit most? [J]. Academy of Management Annual Meeting Proceedings, 2011 (1): 1-6.

[84] POWELL G N, GREENHAUS J H. Sex, gender, and the work-to-family interface: exploring negative and positive interdependencies [J]. Academy of Management Journal, 2010, 53 (3): 513-534.

[85] QUAGLIA J T, GOODMAN R J, BROWN K W. From mindful attention to social connection: the key role of emotion regulation [J]. Cognition and Emotion, 2014, 29 (8): 1-9.

[86] QUICK J C, TETRICK L E. Handbook of occupational health psychology [J]. Journal of Occupational Rehabilitation , 2010, 56 (4): 1045-1048.

[87] REB J, NARAYANAN J, CHATURVEDI S. Leading mindfully: two studies on the influence of supervisor trait mindfulness on employee well-being and performance [J]. Mindfulness, 2014 (5): 36-45.

[88] REB J, NARAYANAN J, HO Z W. Mindfulness at work: antecedents and consequences of employee awareness and absent-mindedness [J]. Mindfulness, 2015 (6): 111-122.

[89] ROESER R W, SCHONERT-REICHL K A, JHA A, et al. Mindfulness training and reductions in teacher stress and burnout: results from two

randomized, waitlist-control field trials [J]. Journal of Educational Psychology, 2013, 105 (3): 787-804.

[90] RUSSO M, BUONOCORE F, CARMELI A, et al. When family supportive supervisors meet employees′ need for caring: implications for work-family enrichment and thriving [J]. Journal of Management, 2015 (2): 1-25.

[91] RUSSO M, BUONOCORE F. The relationship between work-family enrichment and nurse turnover [J]. Journal of Managerial Psychology, 2012, 27 (3): 216-236.

[92] RUSSO M, SHTEIGMAN A, CARMELI A. Workplace and family support and work-life balance: implications for individual psychological availability and energy at work [J]. Journal of Positive Psychology, 2016, 11 (2): 172-188.

[93] SHONIN E, GORDON W V, DUNN T J, et al. Meditation awareness training (mat) for work - related wellbeing and job performance: a randomised controlled trial [J]. International Journal of Mental Health & Addiction, 2014, 12 (6): 806-823.

[94] SINGH N N, LANCIONI G E, WINTON A S W, et al. Training in mindful caregiving transfers to parent child interactions [J]. Journal of Child & Family Studies, 2010, 19 (2): 167-174.

[95] SIU O L, CHEUNG F, LUI S. Linking positive emotions to work well-being and turnover intention among Hong Kong police officers: the role of psychological capital [J]. Journal of Happiness Studies, 2014, 16 (2): 1-14.

[96] SMALLWOOD J, SCHOOLER J W. The science of mind wandering: empirically navigating the stream of consciousness [J]. Annual Review of Psychology, 2015, 66 (1): 487-518.

[97] SPREITZER G M. Using a positive organizational scholarship lens to enrich research on work family relationships [M]. New York: Routledge, 2013: 1-17.

[98] TAN C M. Search inside yourself: the unexpected path to achieving success, happiness (and world peace) [M]. New York: HarperOne, 2012.

[99] TANG S, SIU O, CHEUNG F. A study of work family enrichment among Chinese employees: the mediating role between work support

and job satisfaction [J]. Applied Psychology, 2013, 63 (1): 130-150.

[100] TEN BRUMMELHUIS L L, BAKKER A B. A resource perspective on the work - home interface: the work-home resources model [J]. American Psychologist, 2012, 67 (7): 545-56.

[101] THOMAS S P, HALL J M. Life trajectories of female child abuse survivors thriving in adulthood [J]. Qualitative Health Research, 2008, 18 (2): 149-166.

[102] TROMP D M, BLOMME R J. Leadership style and negative work-home interference in the hospitality industry [J]. International Journal of Contemporary Hospitality Management, 2014, 26 (1): 85-106.

[103] WALDMAN D A, CARMELI A, HALEVI M Y. Beyond the red tape: how victims of terrorism perceive and react to organizational responses to their suffering [J]. Journal of Organizational Behavior, 2011, 32 (7): 938-954.

[104] WARNER M A, HAUSDORF P A. The positive interaction of work and family roles : using need theory to further understand the work-family interface [J]. Journal of Managerial Psychology, 2009, 24 (4): 372-385.

[105] WEST C P, DYRBYE L N, RABATIN J T, et al. Intervention to promote physician well-being, job satisfaction, and professionalism: a randomized clinical trial [J]. Jama Internal Medicine, 2014, 174 (4): 527-533.

[106] WINKEL D E, CLAYTON R W. Transitioning between work and family roles as a function of boundary flexibility and role salience [J]. Journal of Vocational Behavior, 2010, 76 (2): 336-343.

[107] WOLEVER R Q, BOBINET K J, MCCABE K, et al. Effective and viable mind-body stress reduction in the workplace: a randomized controlled trial [J]. Journal of Occupational Health Psychology, 2012, 17 (2): 246-58.

[108] YANG Nini, CHEN C C, CHOI J, et al. Sources of work-family conflict: a Sino-U. S. comparison of the effects of work and family demands [J]. Academy of Management Journal, 2000, 43 (1): 113-123.

[109] ZHANG Jingyu, WU Changxu. The influence of dispositional

mindfulness on safety behaviors: a dual process perspective [J]. Accident analysis and prevention, 2014, 70 (3): 24-32.

[110] WAYNE J H, MUSISCA N, FLEESON W. Considering the role of personality in work-family experience: relationships of the big five to work-family conflict and facilitation [J]. Journal of Vocational Behavior, 2004, 64 (1): 108-130.

[111] Hammer L B, Kossek E E, Bodner T, et al. Measurement development and validation of the family supportive supervisor behavior short-form (FSSB-SF) [J]. Journal of Occupational Health Psychology, 2013, 18 (3): 285-296.

[112] Muller D, Judd C M, Yzerbyt V Y. When moderation is mediated and mediation is moderated [J]. Journal of Personality and Social Psychology, 2005, 89 (6): 852-863.

附录

边界弹性对工作-家庭增益和员工个体繁荣影响的实证研究调查问卷

一、背景信息

为了便于我们研究分析，请您填写以下信息：（注：若未婚，5、6、10、11题即可不填）

1.性别：□男　□女

2.年龄：□25岁以下　□26～30岁　□31～35岁　□36～40岁
□41～45岁　□46～50岁　□50岁以上

3.文化程度：□本科　□硕士　□博士　□其他

4.婚龄：□0年　□1～5年　□6～10年　□11～15年　□16～20年
□21～25年　□26～30年　□30年以上

5.子女数量：□无　□1个　□2个　□3个及以上

6.代际支持情况（即是否有父母帮忙照顾子女）：□是　□否

7.工作年限：□1～5年　□6～10年　□11～15年　□16～20年
□21～25年　□26～30年　□30年以上

8.单位性质：□企业单位　□事业单位　□公务员系统

9.岗位属性：□基层员工　□中层管理者　□高层管理者

10.配偶工作单位性质：□企业单位　□事业单位　□公务员系统

11.配偶工作岗位属性：□基层员工　□中层管理者　□高层管理者

二、相关问卷

下面是关于员工工作-家庭增益与个体繁荣互动螺旋上升机制：边界弹性和正念的积极影响关系研究相关变量的描述，请您根据贵企业的实际情况和您本人的真实体验，按同意程度在相应数字后面的“□”打上“√”。数字的具体含义说明：1.完全不同意；2.较不同意；3.中等同意；4.很同意；5.非常同意。

（一）工作-家庭增益问卷

工作-家庭增益：是指参与一种角色经历能够提高另一角色生活质量的程度。包括工作对家庭增益（参与工作生活能够提高家庭生活质量的程度）与家庭对工作增益（参与家庭生活能够提高工作生活质量的程度）两个方面。请根据您的真实感受，对下述问题进行选择。

a.工作让我有如下感受：	
1.能够帮助我理解不同的观点，而这将有助于我成为一名更好的家庭成员。	1□　2□　3□　4□　5□
2.能够帮助我获得更多的知识，而这将有助于我成为一名更好的家庭成员。	1□　2□　3□　4□　5□
3.能够帮助我获得更多的技能，而这将有助于我成为一名更好的家庭成员。	1□　2□　3□　4□　5□
4.能够让我有好心情，而这将有助于我成为一名更好的家庭成员。	1□　2□　3□　4□　5□
5.能够让我感到幸福，而这将有助于我成为一名更好的家庭成员。	1□　2□　3□　4□　5□
6.能够让我感到快乐，而这将有助于我成为一名更好的家庭成员。	1□　2□　3□　4□　5□
7.能够让我感觉到自我满足感，而这将有助于我成为一名更好的家庭成员。	1□　2□　3□　4□　5□
8.能够让我感觉到成就感，而这将有助于我成为一名更好的家庭成员。	1□　2□　3□　4□　5□
9.能够让我感觉到成功感，而这将有助于我成为一名更好的家庭成员。	1□　2□　3□　4□　5□

续表

b.家庭让我有如下感受：	
1.能够帮助我获得更多的观点，而这将有助于我成为一名更好的员工。	1□ 2□ 3□ 4□ 5□
2.能够帮助我获得更多的技能，而这将有助于我成为一名更好的员工。	1□ 2□ 3□ 4□ 5□
3.能够帮助我拓展我的知识，并学到新的知识，而这将有助于我成为一名更好的员工。	1□ 2□ 3□ 4□ 5□
4.能够让我有好心情，而这将有助于我成为一名更好的员工。	1□ 2□ 3□ 4□ 5□
5.能够让我感到幸福，而这将有助于我成为一名更好的员工。	1□ 2□ 3□ 4□ 5□
6.能够让我感到快乐，而这将有助于我成为一名更好的员工。	1□ 2□ 3□ 4□ 5□
7.能够帮助我在工作时避免浪费时间，而这将有助于我成为一名更好的员工。	1□ 2□ 3□ 4□ 5□
8.能够鼓励我在工作时专心，而这将有助于我成为一名更好的员工。	1□ 2□ 3□ 4□ 5□
9.能够让我在工作时注意力更集中，而这将有助于我成为一名更好的员工。	1□ 2□ 3□ 4□ 5□

（二）边界弹性问卷

边界弹性：是指个体为了满足另一领域的需求，从意识上或行为上从某一领域跨向另一领域的程度。包括边界弹性意愿与边界弹性能力两个方面。请根据您的真实感受，对下述问题进行选择。

a.边界弹性意愿感受：	
工作弹性意愿：	
1.我愿意延长午休时间，这样我就可以处理与我的家庭和个人生活有关的事务。	1□ 2□ 3□ 4□ 5□
2.假设我与上司关系正常，我不介意工作到很晚。尽管我工作到了很晚，但我还能完成我承担的家庭和个人生活义务。	1□ 2□ 3□ 4□ 5□
3.如果必须要满足家庭和个人生活义务，我愿意改变我通常工作的轮班时间或上下班时间。	1□ 2□ 3□ 4□ 5□
4.我愿意把正常的工作日压缩为4天而不是5天，这种改变意味着我能更好地履行我的家庭和个人生活义务的话。	1□ 2□ 3□ 4□ 5□

续表

家庭弹性意愿：	
5.为了完成我的工作任务，我愿意改变与我朋友和家人的计划。	1□ 2□ 3□ 4□ 5□
6.为了满足相关工作职责，我愿意改变与我朋友和家人的度假计划。	1□ 2□ 3□ 4□ 5□
7.在家里，我不介意停下手头上与家庭相关的事情，去完成工作上的任务。	1□ 2□ 3□ 4□ 5□
8.为了完成工作任务，我愿意错过家庭相关的活动（如与家人的聚会或晚餐）。	1□ 2□ 3□ 4□ 5□
9.我愿意错过与我家人的假期，这样我就可以投入工作和完成我的工作任务。	1□ 2□ 3□ 4□ 5□
b.边界弹性能力感受：	
工作弹性能力：	
1.为了家人和履行个人生活义务，我能够从工作中脱身和离开。	1□ 2□ 3□ 4□ 5□
2.如果需要，我可以早点下班去参加与家庭相关的事务。	1□ 2□ 3□ 4□ 5□
3.如果我的个人生活出现了重要的事情，即使我上班迟到了，也没有关系。	1□ 2□ 3□ 4□ 5□
4.虽然在上班，我可以停下手头的工作来履行我的家庭和个人生活义务。	1□ 2□ 3□ 4□ 5□
家庭弹性能力：	
5.如果工作需要，我可以工作到很晚，并且不会影响我的家庭和个人的义务。	1□ 2□ 3□ 4□ 5□
6.如果工作需要，我的家庭和个人生活的义务不会阻止我提早上班。	1□ 2□ 3□ 4□ 5□
7.为了满足工作职责，我的家庭和个人生活的义务不会阻止我额外加班一天。	1□ 2□ 3□ 4□ 5□
8.从家庭和个人生活的角度来看，我完全可以重新安排我的时间表来满足我的工作要求。	1□ 2□ 3□ 4□ 5□
9.为了满足工作职责，我能够从家庭中脱身和离开。	1□ 2□ 3□ 4□ 5□

（三）个体繁荣问卷

个体繁荣：是指兼具学习和活力的体验。包括工作繁荣与家庭繁荣两个方面。

请根据您的真实感受，对下述问题进行选择。

a.工作繁荣感受：	
1.在工作中，我会去主动学习、了解一些东西。	1□ 2□ 3□ 4□ 5□
2.随着时间推移，我在工作中学到了越来越多的东西。	1□ 2□ 3□ 4□ 5□
3.我认为，自己在工作中能得到不断提高。	1□ 2□ 3□ 4□ 5□
4.在工作中，我获得了较大的个体发展。	1□ 2□ 3□ 4□ 5□
5.我感到自己在工作时很有精力。	1□ 2□ 3□ 4□ 5□
6.在工作中，我感到充满能量和动力。	1□ 2□ 3□ 4□ 5□
7.在工作中，我能保持清醒的头脑和警觉的思维。	1□ 2□ 3□ 4□ 5□
8.在工作中，我总期待新的一天的到来。	1□ 2□ 3□ 4□ 5□
b.家庭繁荣感受：	
1.在家庭中，我会去主动学习、了解一些东西。	1□ 2□ 3□ 4□ 5□
2.随着时间推移，我在家庭中学到了越来越多的东西。	1□ 2□ 3□ 4□ 5□
3.我认为，自己在家庭中得到了不断的提高。	1□ 2□ 3□ 4□ 5□
4.在家庭中，我也学习。	1□ 2□ 3□ 4□ 5□
5.在家庭中，我获得了较大的个体发展。	1□ 2□ 3□ 4□ 5□
6.我感到自己在家庭中很有精力。	1□ 2□ 3□ 4□ 5□
7.在家庭中，我感到充满能量和动力。	1□ 2□ 3□ 4□ 5□
8.在家庭中，我觉得非常有活力。	1□ 2□ 3□ 4□ 5□
9.在家庭中，我能保持清醒的头脑和警觉的思维。	1□ 2□ 3□ 4□ 5□
10.在家庭中，我总期待新的一天的到来。	1□ 2□ 3□ 4□ 5□

（四）正念问卷

正念：是指积极、活跃地关注目前所有事物和细节，并对外部环境拥有敏感的个体意识。

请根据您的真实感受，对下述问题进行选择。

a.内心体验的非响应：	
1.我能意识到我的感觉和情感，但可以不予理会。	1□ 2□ 3□ 4□ 5□
2.我注意到了我的感觉，我并没有迷失方向。	1□ 2□ 3□ 4□ 5□
3.在困难的情况下，我能够暂时停下来，中止动作。	1□ 2□ 3□ 4□ 5□
4.通常当我感到悲伤时，我能够仅仅注意它，但我能忽略这种悲伤。	1□ 2□ 3□ 4□ 5□
5.通常当我感到悲伤时，我能很快恢复镇静。	1□ 2□ 3□ 4□ 5□
6.通常当我感到悲伤时，我能够反思和有意识地不去管它。	1□ 2□ 3□ 4□ 5□
7.通常当我感到悲伤时，我不仅能注意到它们，并且能让它们消失。	1□ 2□ 3□ 4□ 5□
b.留心：	
1.当我走在路上，我能意识到我的身体在移动。	1□ 2□ 3□ 4□ 5□
2.当我洗澡时，我能感到水在我身上流动。	1□ 2□ 3□ 4□ 5□
3.我能注意到，食物和饮品如何影响我的思想、身体感官和情感。	1□ 2□ 3□ 4□ 5□
4.我关心感觉，例如，风吹我的头发或太阳照在我的脸上。	1□ 2□ 3□ 4□ 5□
5.我关心声音，例如，表响、鸟鸣或汽车经过。	1□ 2□ 3□ 4□ 5□
6.我能够注意到一些东西，例如气味和芳香。	1□ 2□ 3□ 4□ 5□
7.我注意到艺术或自然的视觉要素，例如，光和影的颜色、形状或图形。	1□ 2□ 3□ 4□ 5□
8.我关心我的情感如何影响我的思想和行为。	1□ 2□ 3□ 4□ 5□
c.有意识的行为：	
1.对于目前发生的事物，我不太关注。	1□ 2□ 3□ 4□ 5□
2.我会不知不觉地做一些事，并且，对于正在做的事没有什么意识。	1□ 2□ 3□ 4□ 5□
3.我总是匆忙地行动，而没有真正注意它们是什么。	1□ 2□ 3□ 4□ 5□
4.我机械地工作或完成任务，并没有意识到在做什么。	1□ 2□ 3□ 4□ 5□
5.我发现，我对自己在做什么并不关心。	1□ 2□ 3□ 4□ 5□
6.当我做事情的时候，我容易走神或者分心。	1□ 2□ 3□ 4□ 5□
7.因为我经常幻想、担心或者分神，我没有注意到我在做的事情。	1□ 2□ 3□ 4□ 5□
8.我很容易分心。	1□ 2□ 3□ 4□ 5□

续表

d.描述内心体验：	
1.我善于运用词汇来描述我的感受。	1□ 2□ 3□ 4□ 5□
2.我能够轻松地用文字表达我的想法、观点和期望。	1□ 2□ 3□ 4□ 5□
3.当我感到悲伤时，我能够用语言表达出来。	1□ 2□ 3□ 4□ 5□
4.我能够自然而然地将我的经历表达出来。	1□ 2□ 3□ 4□ 5□
5.我能够用相当多的语言，描述出我每时每刻的感受。	1□ 2□ 3□ 4□ 5□
e.内心体验的非判断：	
1.当我有不合理的或者不好的情绪时，我会批评我自己。	1□ 2□ 3□ 4□ 5□
2.我告诉自己，我不应该注重现在的感受。	1□ 2□ 3□ 4□ 5□
3.我认为，我的一些想法是不好的。因此，我不应该有这种想法。	1□ 2□ 3□ 4□ 5□
4.无论我的想法是好还是坏，我都进行评价。	1□ 2□ 3□ 4□ 5□
5.我告诉自己，我不应该评价我自己现在的思考方式。	1□ 2□ 3□ 4□ 5□
6.我认为，我的一些情绪是不好的，而我不应该继续这种情绪。	1□ 2□ 3□ 4□ 5□
7.当我有不合理想法时，我不赞成我自己。	1□ 2□ 3□ 4□ 5□
8.当我有痛苦情绪或想法时，我根据自己的经验，来评价其是好或者是坏。	1□ 2□ 3□ 4□ 5□

问卷到此结束，请您再检查一下是否有遗漏的题目，以免造成废卷。再次感谢您对我们研究的参与和帮助！祝您和家人万事如意，一切顺利！

索引